Kurt Allgeier

Nostradamus – Zeitenwende

Seine großen Prophezeiungen bis ins vierte Jahrtausend

Originalausgabe

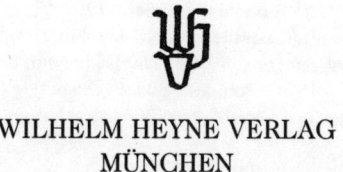

WILHELM HEYNE VERLAG
MÜNCHEN

HEYNE SACHBUCH
Nr. 19/328

Redaktion: Stephanie Ehrenschwendner

Dieser Band ist die stark überarbeitete Ausgabe von
»Morgen soll es Wahrheit werden« (Heyne Band-Nr. 19/128).

ISBN 3-453-08135-8

Inhalt

Inhalt

Vorwort

Im Jahre 1982 ist dieses Buch zum erstenmal erschienen. Es kletterte in wenigen Wochen auf Rang 1 der Bestseller-Listen und wurde in den nachfolgenden Jahren zwölfmal neu aufgelegt. Inzwischen habe ich sämtliche Verse des Propheten Michel Nostradamus übersetzt und kommentiert und in dem Buch »Die Prophezeiungen des Nostradamus. Erstmals vollständig übersetzt, kommentiert und neu gedeutet« (Heyne Verlag 1988) herausgebracht. Damit haben sich ganz neue Gesichtspunkte und Einsichten ergeben, die eingefügt werden müssen.

In der Zwischenzeit hat sich aber auch die Welt grundlegend verändert. Vieles, was ich seinerzeit andeutete, ist mittlerweile eingetroffen. Andere Dinge lassen sich heute weit präziser sehen.

Darüber hinaus gilt es, einige Interpretationsfehler auszumerzen. Nicht Nostradamus hatte sich geirrt, sondern mir sind diese Fehler unterlaufen. Wer das umfangreiche und sehr schwierige Werk des französischen Sehers kennt, weiß, wie leicht man ihn mißverstehen kann.

So hieß in der ursprünglichen Ausgabe eine Überschrift beispielsweise: »Der Dritte Weltkrieg beginnt im Sommer 1987.« Ich war nicht der einzige Nostradamus-Interpret, der dieses Datum genannt und vor dem Halleyschen Kometen 1986 gewarnt hatte. Der Fehler ist leicht zu erklären: Nostradamus hat es uns ja in den meisten Fällen nicht so einfach gemacht, daß er präzise ein fixes Datum vorgegeben hätte. Er nannte astrologische Konstellationen. In diesem Fall hieß es: Die Katastrophe beginnt, »wenn Sonne, Mars und Venus im Zeichen Löwen stehen«. Im Text des entsprechenden Kapitels habe ich denn auch den Hochsommer 1987 und 1989 als mögliche Krisendaten genannt und mit einem Fragezeichen versehen. 1987 und 1989 standen Sonne, Mars und Venus gleichzeitig im Sternzeichen Löwe. Wäre ich genauer und gründlicher gewesen, hätte ich die Überschrift also so formulieren müssen: »Der Dritte Weltkrieg kann im Jahre 1987 beginnen.« Und schon wäre es richtig gewesen. Wie wir heute wissen, gab es sowohl im August 1987 als auch im Juli 1989 sehr kritische Momente, die letztlich 1991 zum Golfkrieg führten. Im August 1998 haben wir erneut die genannte astrologische Konstellation.

Für die Zukunft gibt uns Michel Nostradamus nun aber ein fixes, unverrückbares Datum: den 11. August 1999. In wenigen Jahren schon wissen wir endgültig, ob sich nicht nur der Interpret, sondern der Prophet selbst geirrt hat.

Dieses unmittelbar bevorstehende Datum des Sehers gibt dem gesamten prophetischen Werk eine ganz neue, brisante Aktualität. Und das ist auch der Grund dafür, daß ich dieses Buch völlig überarbeitet habe und somit neu vorlege. Michel Nostradamus hat seine Vorhersagen für uns geschrieben, die wir an der Wende zum 3. Jahrtausend leben. Er wollte uns warnen, damit wir nicht blind und uneinsichtig in unser Unglück rennen, sondern das Schlimmste vielleicht doch noch verhindern können. Alles, was er über die zurückliegenden Ereignisse angekündigt hatte, sind nur Etappen auf dem Weg in unsere Zeit, Momentaufnahmen, die uns die wichtigsten geschichtlichen Wendepunkte aufzeigen – und uns deutlich machen sollen, wie genau er doch Bescheid wußte.

Auch in dieser überarbeiteten Ausgabe habe ich mich darum bemüht, den Seher »wörtlich« zu nehmen und ganz bewußt auf abenteuerliches und gewaltsames Zurechtbiegen, auf Mutmaßungen und phantastisches Ausschmücken der Texte zu verzichten.

Ich hoffe, es ist mir noch besser gelungen, deutlich werden zu lassen, daß Michel Nostradamus nicht der böse »Schwarzseher« war, der uns mit seinen Schreckensvisionen die Angst in die Glieder jagen und die Freude am Leben verderben wollte. Wir müssen Nostradamus kennenlernen als den Propheten, der uns in der Stunde der Not Trost spenden möchte. Den Trost, den uns dann nur noch er geben kann: Es steht uns nicht das Ende der Welt bevor, mag es auch noch sosehr danach aussehen. Die Katastrophen um das Jahr 2000 sind für die Menschheit eine notwendige Feuerprobe, ein Prozeß der Läuterung, der Anfang für eine bessere, schönere, neue Welt.

Nostradamus:
Arzt – Magier – Astrologe – Prophet

Die einen nennen ihn das größte Genie der Weltgeschichte, andere sehen in ihm nur den schlimmsten
Scharlatan aller Zeiten.

Jahrhundertelang hielten die französischen Könige
an der Tradition fest, persönlich das Grab des Sehers
in Salon de Provence aufzusuchen, um damit ihrem
Propheten Reverenz zu erweisen. Alles an diesem
Mann und an seinem Werk ist außergewöhnlich. Michel Nostradamus ist der einzige Prophet und Astrologe, der in einer Kirche beigesetzt wurde. Seine Schriften standen aber auch fast 200 Jahre lang auf dem Index der kirchlich verbotenen Bücher. Wer sie las, stellte sich damit automatisch gegen die katholische Kirche.

Sind Heinrich IV., Ludwig XIV. und die anderen
französischen Könige dem Propheten des Abendlandes
auf den Leim gegangen, oder haben sie sich mit seiner
Hilfe nur selbst groß gemacht, weil sie von ihm angeblich als wohltätige Herrscher angekündigt waren? Lassen sich heute, mehr als 400 Jahre nach dem Tod von
Michel Nostradamus, immer noch Millionen Menschen
von diesem »Gaukler« an der Nase herumführen, weil
er Urängste, von denen wir offenbar alle mehr oder
weniger stark heimgesucht werden, in schaurig-schö-
ne Verse zu fassen verstand?

Schon ein zeitgenössischer Spötter hatte sich über

den Namen Nostradamus hergemacht und daraus einen Spottvers gebildet: »Nostra damus – cum falsa damus, nam fallere nostrum est.« (Wir geben das Unsere. Und wir geben es falsch, denn unser ist der Schwindel.)

Der Wiener Professor, Entwicklungsforscher, Journalist und Autor Dr. Helmut Swoboda macht sich heute über die seiner Meinung nach völlig wertlosen Voraussagen des Nostradamus lustig, indem er eine Reihe sehr fragwürdiger Deutungen miteinander vergleicht und aufzeigt, wieviel Unsinn mit den Prophezeiungen in der Vergangenheit schon angerichtet wurde. Swoboda schreibt: »Was die Persönlichkeit des Nostradamus anlangt, so war er unter anderem ein wagemutiger, einfallsreicher und erfahrener Arzt, ein überaus gelehrter Mann und – ein großartiger Dichter, der als Poet nur deshalb keine Anerkennung fand, weil man in ihm den Propheten sehen wollte. Die Centuries sind eine Art Gegenstück zur Apokalypse, deren hinreißende Sprachgewalt ebenfalls stets in den Hintergrund gedrängt wurde, weil man kabbalistische Spiele um die Zahl des Tieres aufführen wollte.«

Und weiter: »Was aber den Grundtenor der Centuries betrifft, so kündigen sie immer wieder Blut und Tod, Verbrechen und Zeichen am Himmel, Katastrophen und Mord, Terror und Kampf, Verrat und Hunger, Blitz und Pest an – und davon, das läßt sich nicht leugnen, war die Geschichte der Menschheit zu allen Zeiten voll.« Mit anderen Worten: Es war kein Kunststück, so etwas vorauszusagen, denn jeder vernünftige Mensch konnte es sich an den Fingern abzählen, daß wieder einmal ein Krieg, wieder einmal eine Hungersnot oder eine andere Katastrophe kommen muß.

Swoboda faßt seine Meinung über den »größten Wortmagier Europas«, wie er ihn nennt, so zusammen: »Wenn unter nahezu tausend vieldeutigen und unverständlichen Versen ein paar sind, die sich als Vorhersage späterer Ereignisse deuten lassen, dann ist das nicht nur nicht unwahrscheinlich, sondern sogar durchaus wahrscheinlich, ja beinahe unvermeidlich.«

Ganz grob ausgedrückt: Der angebliche Prophet hat so viel gequatscht, daß etwas davon einfach aufgrund der Gesetze der Wahrscheinlichkeit eintreffen mußte. Weil Swoboda sich offensichtlich niemals ernsthaft mit Nostradamus befaßt hat, übersieht er allerdings, daß es nicht nur ein paar Verse sind, die sich als richtig erwiesen, sondern sehr viele.

Darf Nostradamus überhaupt schon gedeutet werden?

Im Jahre 1981 ist in Frankreich ein erbitterter Nostradamus-Krieg ausgebrochen. Aber diesmal ging es nicht darum, ob der Seher ernst zu nehmen sei oder nicht, sondern lediglich um die Frage korrekter Interpretation. Jean Charles de Fontbrune behauptet in seinem Buch *Nostradamus, Historien et Prophete* unter anderem, der Seher habe die Zerstörung von Paris im Jahre 1983 vorausgesagt und die Ermordung des Papstes in einer Stadt an der Rhone. Dagegen wendet sich Elisabeth Bellecour, unterstützt von ihrem Lehrer, Professor Albert Slosman, mit dem Buch *Nostradamus trahi* – der verratene Nostradamus. Die Autorin und ihr

Lehrmeister weisen nach, daß Fontbrune Texte gefälscht, falsch übersetzt und bewußt verdreht hat. Ihrer Meinung nach darf man heute den Meister des ausgehenden Mittelalters noch nicht interpretieren, weil wir einfach noch viel zu wenig über seine Gedankenwelt, seine Sprache, die Quellen, aus denen er schöpfte, und die Bedeutung seiner Bilder wissen.

Nostradamus selbst hat angekündigt:

500 Jahre lang wird man von dem, der eine
Zierde seiner Zeit war, nicht gerade viel halten.
Doch dann plötzlich wird große Klarheit
herrschen.
Man wird in jenem Jahrhundert sehr glücklich
darüber sein.
(Centurie III/94)

Mit der Zierde seiner Zeit meint Nostradamus zweifellos sich selbst. Er war zeitlebens ein weltberühmter Mann. Das bedeutet dann aber, daß man tatsächlich erst in unseren Tagen, vielleicht sogar erst um das Jahr 2050, seine Vorhersagen richtig begreifen wird. Man wird zugleich froh darüber sein, daß alles nicht noch schlimmer gekommen ist, als er es angekündigt hatte.

Das heißt aber wohl nicht, daß bis dahin der Sinn der Verse ausnahmslos verborgen bleiben müßte. Bei aller Dunkelheit weiter Passagen ist inzwischen durch das Bemühen sehr gründlicher Nostradamus-Forscher Licht in viele Verse gekommen. Außerdem haben sich mittlerweile zahllose Prophezeiungen eindeutig als richtig erwiesen: Das, was angekündigt war, ist eingetroffen, und zwar genau so, wie es der Seher niedergeschrieben hatte.

Damit ergibt sich aber eine ganz neue Situation für

jeden, der sich heute mit Nostradamus befassen will. Es ist nicht mehr länger nötig, nach Wortverdrehungen und verstecktem Hintersinn zu suchen. Nostradamus muß heute wörtlich verstanden werden. So wörtlich, wie er es selbst gemeint hat. Um seine Verse zu verstehen, brauchen wir nicht unbedingt den Schlüssel, der uns die richtige Reihenfolge der Verse erschließt. Auch er wird sich zur gegebenen Zeit finden. Bisher war es einfach zu früh, danach zu forschen.

Damals wie heute: Alles ist am Zerbrechen

Vielleicht zieht es uns deshalb so stark zu Michel Nostradamus, weil er in einer Zeit lebte, die mit unserer Zeit so viel gemeinsam hatte. Je intensiver man sich mit ihm befaßt, um so mehr wächst die Überzeugung, daß er überhaupt nur für uns geschrieben hat. Unsere Tage sind die »Zeit der Vollendung«, wie er es nennt.

Michel Nostradamus war wie kein anderer in der Lage, sich an uns zu wenden, weil er selbst ein Mann der Zeitenwende gewesen ist. Als er 1503 in St. Remy, in der Nähe von Avignon in der Provence, als Sohn des Notars Jacques Nostradamus geboren wurde, waren gerade elf Jahre seit der Entdeckung Amerikas durch Kolumbus vergangen. In Europa baute man die letzten gotischen Dome. Doch nicht nur ihre Baumeister wußten, daß es nie mehr möglich sein würde, Ähnliches aus einem geschlossenen, festen und einheitlichen Weltbild heraus zu schaffen. Das christliche Abendland befand sich in der totalen Auflösung.

Imponierende Gestalten wie Philipp Melanchthon (1497–1560) und Erasmus von Rotterdam (1467–1536) eröffneten der Menschheit mit dem sogenannten Humanismus ein neues Weltverständnis. Von Italien her überflutete die Renaissance mit einem bisher ungekannten Lebensgefühl, mit überwältigender Lebenslust – aber auch Lebensgier – ganz Europa. Die Menschen wollten jetzt und hier auf der Erde leben und sich nicht länger auf den Himmel nach dem Tode vertrösten lassen.

Michel Nostradamus war gerade 14 Jahre alt, als Martin Luther seine 95 Thesen an die Schloßkirche von Wittenberg heftete und damit die Reformation, aber gleichzeitig auch die große Spaltung der christlichen Kirche einleitete. Kurze Zeit später schon tobten in Deutschland die Bauernkriege (1525). In England sagte sich Heinrich VIII. von Rom los und gründete die anglikanische Kirche. In der Schweiz und in Frankreich traten Zwingli und Calvin als Reformatoren auf. Die Türken eroberten Belgrad (1526) und standen vor Wien (1529). Das christliche Abendland war nicht mehr imstande, dieser »heidnischen Gefahr« eine geschlossene Front entgegenzustellen. Frankreichs König Franz I. (1515–1547) verbündete sich sogar mit den Türken gegen Kaiser Karl V. (1536), und der Kaiser kämpfte gegen Papst Klemens VII., ließ Rom verwüsten und plündern (Sacco di Roma 1527/28).

Auf der Erde herrschten Chaos und Auflösung. Oben am Himmel gerieten die letzten stabilen Gesetze ins Wanken. Noch traute sich keiner, es offen einzugestehen, aber viele wußten es bereits, und bis zu Galilei (1564–1642) war es nicht mehr weit: Nicht die

Erde steht im Mittelpunkt des Sonnensystems, sondern sie dreht sich als Kugel wie die anderen Planeten um die Sonne. Die Texte in der Bibel, die anderes behaupteten, waren schlichtweg falsch.

Europa aber schlitterte auf die schlimmsten Katastrophen seit Christi Geburt zu. Beinahe hätten sich die Europäer sogar durch Kriege und Pest ausgerottet. In Frankreich tobten die blutigen Hugenottenkriege, die sich noch 200 Jahre hinziehen sollten. Europa näherte sich dem noch schlimmeren 30jährigen Krieg (1618–1648).

Das war der Hintergrund der Zeit, in der Nostradamus geboren wurde. Er muß von den Zerfallserscheinungen und den drohenden Zeichen der Auflösung besonders betroffen gewesen sein. Erst sein Vater, jüdischer Abstammung, war zum katholischen Glauben übergetreten. Weil die Taufe in einer Kirche namens Notre-Dame vollzogen wurde, nannte sich die Familie des Notars von St. Remy de Notredame oder eben – der Zeitmode entsprechend – lateinisch: Nostradamus. Der christliche Glaube war also noch ganz jung und sicherlich, wie das bei Konvertiten gewöhnlich der Fall ist, voller Eifer.

Die Ahnen waren Propheten

Gleichzeitig aber lebte im Blut des jungen Michel Nostradamus auch ein reiches Erbe. Die Vorfahren des Vaters gehörten zum jüdischen Stamm Isaschar. Aus ihm ist eine ganze Reihe der großen alttestamentarischen Propheten hervorgegangen, so daß man mit Recht sagen kann: Von Jesaja, Jeremias, Malachias gibt es eine direkte »Blutsbrücke« zu Nostradamus. Als Prophet ist er erblich belastet.

Vater, Großvater und Urgroßvater väterlicherseits wie mütterlicherseits pflegten zudem als gebildete Männer enge Kontakte zu arabischen Weisen, die damals noch in Südeuropa, vor allem in Spanien, lebten. Dabei kamen sie in Kontakt mit Kabbala, Magie, medizinischen Weisheiten. Einige der Vorfahren des Nostradamus waren tüchtige, teilweise sogar berühmte Ärzte.

Die Mutter Renée stammte aus dem sehr vornehmen Haus de St. Remy, das ebenfalls viele große Gelehrte hervorgebracht hat. Von dieser Seite hat Michel Nostradamus aber noch eine ganz andere Vorliebe und Neigung mitbekommen, nämlich die zu den Sternen. Der Großvater Johann de St. Remy hat ihm die Astronomie und die Astrologie beigebracht, die Gesetze des Himmels erklärt und ihn wissen lassen, was man aus den Konstellationen der Planeten als Charakteranalyse und Zukunftsdeutung herauslesen kann. Man nannte Gelehrte, die diese Kunst beherrschten, seinerzeit Mathematiker, weil sehr umfangreiche und exakte Berechnungen zur Bestimmung der Umlaufbahnen nötig waren. Es gab noch keine Werke wie die heutigen Ephemeriden, in denen man die Sternenstände hätte ablesen können. Man mußte alles noch selbst berechnen. Auch waren Astronomie und Astrologie noch nicht voneinander getrennt, wie das heute der Fall ist. Michel Nostradamus hat vor 450 Jahren gesehen, daß wir um die Wende zum 3. Jahrtausend ganz ähnliche Sternenkonstellationen besitzen werden, wie sie zu seiner Zeit gegeben waren. Das hat ihn letztlich bewogen, seine und unsere Zeit immer wieder miteinander zu vergleichen.

Die erste Karriere: Pestarzt

Zunächst studierte der junge Michel Medizin in Avignon, damals eine bedeutende Stadt, Residenz für Päpste und Gegenpäpste. 1525 wechselte er an die Hochschule von Montpellier. Dort begann auch seine erste große Karriere. Als die Pest ausbrach und alle Professoren und Studenten fluchtartig die Stadt verließen, blieb er zurück, um den Kampf mit der schrecklichen Seuche aufzunehmen. Er wurde zum Volkshelden, als es ihm, seiner Zeit um Jahrhunderte voraus, gelang, eine Art Antibiotikum zu entdecken und erfolgreich anzuwenden. Den noch gesunden Bürgern gab er ein Kräutergemisch, das sie ständig kauen mußten. Man wußte damals ja noch nichts von Bakterien und Viren, von den Mechanismen der Infektion. Nostradamus muß die Zusammenhänge zumindest erahnt haben. Es gelang ihm, die Pest in Montpellier einzudämmen. Auf diesen sensationellen Erfolg wurde man selbst am Königshof in Paris aufmerksam.

1529 legte Nostradamus sein Arztexamen ab. Er ließ sich im Städtchen Agen an der Garonne nieder, eröffnete eine Praxis, heiratete, bekam zwei Kinder. Alles schien auf eine gutbürgerliche Existenz hinauszulaufen.

Durch eine unbekannte Krankheit, wahrscheinlich

war es eine Diphtherie, verlor er jedoch seine Frau und seine Kinder. Das Glück war jäh zerbrochen. Die Bürger von Agen mieden ihn. Wie sollten sie einem Arzt weiterhin vertrauen, der nicht einmal der eigenen Familie helfen konnte? Vergessen der einstige Ruhm.

Nostradamus schloß seine Praxis und machte es wie sein Zeitgenosse Paracelsus: Er sattelte sein Pferd und begab sich auf Wanderschaft quer durch Europa. Er wollte fremde Kulturen und deren Weisheiten kennenlernen. Er suchte das Gespräch mit Ärzten, Magiern, Kräuterweiblein und ließ sich von ihnen Rezepte geben. Auf seiner Reise, die wir leider nicht mehr genau verfolgen können, kam er offenbar über Italien bis nach Griechenland.

Vom Leibarzt zum Hofastrologen

Diese Reise mußte jedoch bald wieder abgebrochen werden. In Südfrankreich, vor allem in der Provence, war die Pest erneut ausgebrochen. In dieser Not erinnerte man sich wieder an den Arzt, der schon einmal geholfen hatte. Man schickte Boten nach Italien, um Nostradamus zu suchen und ihn heimzuholen. Drei Jahre lang (1546–1548) kämpfte er in der Folgezeit als Stadtarzt von Aix gegen den »Schwarzen Tod«. Danach hatte er die Pest zum zweitenmal besiegt und wurde 1556 zum französischen König Heinrich II. nach Paris gerufen. Wahrscheinlich war die treibende Kraft die Königin Katharina von Medici, die später ihre schützende Hand über ihn hielt und dafür sorgte, daß er nicht in die Hände der Inquisition fiel. Katharina wollte sicherlich nicht nur den Arzt konsultieren, sondern auch den Seher. Inzwischen hatte Nostradamus nämlich seine zweite Karriere entdeckt und sich als Prophet hervorgetan. Er warnte Katharina von Medici: Der König darf an keinem Turnier teilnehmen, sonst kommt es zu einem tragischen Unfall, der ihm den Tod bringen wird.

Heinrich II. hat die Warnung nicht ernst genommen. Im Jahre 1559 drang während eines Turniers der abgebrochene Speerschaft seines Gegners durch sein Visier, durchbohrte das Auge und blieb im Kopf stecken. Der König starb zehn Tage später an der Verletzung.

Dieses angekündigte Ereignis wurde zum ersten großen Erfolg des Sehers Nostradamus, dem für sein großes prophetisches Werk nur noch sieben Jahre bleiben sollten.

Der Eindruck, den Michel Nostradamus auf Katharina von Medici gemacht hat, muß ungewöhnlich gewesen sein. 1564, zwei Jahre vor dem Tod des Sehers, reiste sie mit ihren Söhnen nach Salon de Provence, wo Nostradamus sich endgültig niedergelassen hatte, um dessen medizinischen und prophetischen Rat einzuholen. Ihr ältester Sohn Karl IX. war inzwischen König, Katharina an seiner Stelle die Regentin. Die Szene der Begegnung ist im Schloß de l'Emperi in Salon de Provence festgehalten. Nostradamus untersuchte den König und die Prinzen und sagte ihnen vorher, sie alle würden nacheinander die Krone Frankreichs tragen. Was dann tatsächlich auch so gekommen ist. Nostradamus wurde zum königlichen Leibarzt ernannt und mit 200 Golddukaten honoriert. Katharina von Medici legte noch 100 Dukaten dazu.

Inzwischen war Michel Nostradamus wieder verheiratet. Seine zweite Frau, wiederum sehr begütert und aus bestem Haus, schenkte ihm drei Söhne und drei Töchter.

Die ärztliche Tätigkeit trat in den letzten Jahren seines Lebens mehr und mehr in den Hintergrund. Nostradamus hinterließ einige medizinische Schriften, bei denen es sich vor allem um Rezepte zur Herstellung von Quittengelee als Potenzmittel, zur Zubereitung von Salben, die einen hellen, vornehmen Teint vermitteln, und dergleichen mehr handelt.

Seine Abend- und Nachtstunden aber gehörten dem Seher. Er schrieb Volkskalender mit vielen praktischen Ratschlägen, Vorhersagen über größere Ereignisse, Wetterkatastrophen und dergleichen mehr. Und dann machte er sich an sein großes prophetisches Werk. Es läßt sich nicht mehr genau feststellen, wann er damit begonnen hat. Auf jeden Fall sind die ersten sieben Centurien, jeweils 100 Vierzeiler, schon am 1. März 1555 fertiggestellt worden.

Wie einst Pythia in Delphi

Aus einigen seiner Texte geht hervor, daß der junge Arzt bei seinen Diagnosen und bei der Anwendung einer Behandlungsmethode oftmals einer plötzlichen Eingebung, einer Intuition oder Inspiration folgte und dabei feststellte, daß diese Stimme mehr wußte als sämtliche Lehrbücher. Sie war klüger als sein medizinischer Fachverstand. Aber nun galt es die Frage zu klären: Was oder wer war es, der ihm diese Eingebungen vermittelte? Ein natürliches Talent? Ein guter Geist – oder Gott selbst, der sich ihm mitteilen wollte? Und dieser Frage folgte sofort die nächste: Ließ sich diese Stimme verstärken, so daß sie deutlicher hörbar wurde und sicherer vernommen werden konnte?

Nostradamus versuchte alles, um diese »Kraft« zu enthüllen. Dabei scheute er weder Anstrengungen noch verpönte Methoden.

Eine dieser Methoden hieß Magie. Sie scheint ihn nicht weitergebracht zu haben. Denn eines Nachts hat er die geheimen Schriften und Bücher über Magie verbrannt. Seinen Sohn Cäsar warnt er im Vorwort zu den ersten sieben Centurien eindringlich vor dem Versuch, sich mit der Magie zu beschäftigen. Er nennt sie Wahngebilde, die den Körper austrocknen, die Seele ins Verderben stürzen und die schwachen Sinne verwirren.

Die drei Quellen, aus denen er sein Wissen schließlich schöpfte, bezeichnete er selbst so: die natürliche Begabung, okkultes Wissen und die Astrologie. Schon in seinem allerersten Vierzeiler spricht er von »geheimen Studien«. Und er beschreibt die Zeremonie seiner Sitzung recht genau:

Ich sitze bei nächtlichen geheimen Studien.
Ich bin allein, habe Platz genommen auf dem
eisernen Dreifuß.
Die winzige Flamme steigt aus der Einsamkeit.
Sie läßt hervorsprießen, woran man nicht
vergeblich glauben soll.
(Centurie I/1)

Damit gibt sich der Prophet des ausgehenden Mittelalters als direkter Nachfolger der uralten Seher zu erkennen. Vom Orakel von Delphi wird berichtet, daß Pythia am Rande einer Schwefelquelle auf einem eisernen dreifüßigen Stuhl saß, schweflige Dämpfe einatmete und dadurch in eine Art Trancezustand geriet. Nostradamus hat sich also auf dem eisernen Dreifuß in einen großen Wasserbottich gesetzt. Er streute chemische Substanzen in das Wasser und atmete die aufsteigenden Dämpfe ein. So hat er sich nach dem uralten Vorbild selbst in Trance versetzt. Das war seine Technik, die er als zweite Quelle seines Wissens, als okkultes Wissen, bezeichnete. Im zweiten Vers beschreibt er das so:

> Die Wünschelrute in der Hand, bin ich versetzt in das Reich des Branchus.
> Das Wasser netzt mir die Füße und den Saum.
> Über die Zweige überkommt mich Furcht. Meine Stimme zittert.
> Göttliches Leuchten. Das Göttliche läßt sich bei mir nieder.
> (Centurie I/2)

Branchus war der Sage nach ein Halbgott, Sohn des Apollo und seiner sterblichen Geliebten aus Milet. Er konnte weissagen. Nach seinem Tod wurde diese Kunst von Jungfrauen im Tempel in Milet fortgeführt.

Diese Branchus-Dienerinnen aber sollen ihr Handwerk genau so verrichtet haben, wie es Nostradamus in diesem Vers beschreibt. Auch darüber gibt es schriftliche Zeugnisse: Sie setzten sich auf einen eisernen Dreifuß. Vor ihnen stand eine große Schüssel mit Wasser. Die Seherin stellte sich in das Wasser und beugte sich weit herunter, um den Duft einzuatmen, der ihm entstieg. Die Rute in der Hand begann dann wie eine Wünschelrute beim Aufspüren von Wasser zu hüpfen. Sie sprang von einem Buchstaben zum anderen, die kreisförmig am Boden des Gefäßes angebracht waren.

In ihrem Buch *Nostradamus trahi* (Der verratene Nostradamus) versucht Elisabeth Bellecour nachzuweisen, daß Nostradamus die sogenannten Sibyllinischen Bücher, alte Weissagungen in Versform, ebenso wie andere Schriften gekannt hat, die auf uralte ägyptische Geheimriten zurückgehen.

Manchmal, so kann man es den Schriften des Nostradamus entnehmen, stellte er sich des Nachts auch auf das Dach seines Hauses. Dann hatte er vor sich wiederum die große Wasserschüssel aufgestellt. Er starrte auf das Wasser, dem möglicherweise wiederum bestimmte benebelnde Dämpfe entstiegen und auf dessen Oberfläche sich gleichzeitig die Sterne spiegelten. So versetzte er sich in Trance, in eine Verzückung, die er selbst eine »trunkene Raserei« nennt, eine »lymphatische Bewegung«. Man könnte es, modern ausgedrückt, als psychische Erregung bezeichnen, die wiederum dasselbe ist wie das, was schon im alten Delphi als »rasender Mund« beschrieben wurde.

Nostradamus spricht von der »kleinen Flamme«, die aus der Erregung aufflackert und das Weissagen möglich macht. Die Visionen, die wie Filme vor seinem Auge abliefen, versuchte er in kurzen Notizen festzuhalten.

Das ist ja die Schwäche des Sehers: Er sieht Ereignisse, kann sie zeitlich aber nicht fixieren. Er erlebt in der Vision einen Krieg, aber er kann nicht sagen, wann er stattfinden wird. Wenn wir einen historischen Film sehen, können wir ihn von der Mode, von Waffenausrüstungen, den Bauweisen und vielen anderen zeitbedingten typischen Lebensgestaltungen her ziemlich genau einordnen. Der Prophet blickt aber in die Zukunft. Er sieht sich konfrontiert mit Maschinen, technischen Errungenschaften, einer veränderten Lebensweise, die er weder verstehen noch einordnen kann. Aus diesem Grund hat Nostradamus die Astrologie zuhilfe genommen.

Wenn wir heute versuchen, die prophetischen Verse zu verstehen, müssen wir immer drei Dinge berücksichtigen:

Zunächst diese eben beschriebene zeitliche Einordnung. In den seltensten Fällen dürfte der Seher ein eingeblendetes Kalenderblatt sehen, das ihm sagt, wann die Vision Wirklichkeit werden wird.

Sodann die Not des Sehers, die fremdartigen Bilder zu verstehen und zu erklären. Wir müssen uns in seine Zeit, in sein Wissen, seine Weltanschauung versetzen: Wie sollte er einen Panzer, ein Flugzeug, einen raketenfeuernden Hubschrauber oder ein Unterseeboot erklären? Er kann angesichts so schrecklicher »Ungeheuer« nur stammeln und Bilder benutzen. Deshalb spricht er von blitzespuckenden Wesen, von heulenden, donnernden Kreaturen am Himmel, von feurigen Speeren, die nur Gott selbst durch den Himmel schleudern kann, von knatternden Heuschrecken, die Gift und Feuer versprühen, oder von Schiffen, die unter dem Wasser fahren.

Schließlich seine Weltanschauung. Zu seiner Zeit war zwar gerade Amerika entdeckt, doch die Erde galt noch als Mittelpunkt der Welt. Danach war sie eine

Scheibe – und alles auf ihr vergänglich. Der Himmel dagegen mit seinen Sternen war die Ewigkeit. Wenn sich etwas an diesem Himmel bewegte, dann mußte Gott selbst es veranlaßt haben. Er schob die Planeten, um damit den Menschen einen Fingerzeig zu geben. Wenn Raketen am Himmel dahinflogen, dann konnte nur er sie losgeschickt haben.

Daneben müßten wir sehr viel mehr wissen über Mythologie, Kabbala, über sprachliche Bedeutungen in seiner Zeit und auch darüber, wie Nostradamus speziell das alles verstanden und gebraucht hat.

Astrologie zur Kontrolle und zur Berechnung der Zeiten

Dem Ergebnis, den geschauten und erlebten Visionen, muß Michel Nostradamus zumindest anfänglich stark mißtraut haben.

Deshalb baute er eine Art Kontrolle ein – und das ist seine typische, unverwechselbare Eigenart. Damit wurde er zum ersten und einzigartigen Propheten, der sehr präzise Zeitangaben macht. Das Kontrollinstrument aber war die Astrologie. Am Morgen nach der durchwachten Nacht, wenn er »entschwefelt« war und wieder einen klaren Kopf hatte, nahm Nostradamus seine nächtlichen Skizzen zur Hand, die er in Trance angefertigt hatte, um sie in Verse zu fassen und zeitlich einzuordnen. Das heißt, er überprüfte seine Prophezeiungen anhand sehr umfangreicher astrologischer Berechnungen, um auf diese Weise irgendwelche Phantastereien von den echten Weissagungen zu trennen, falls sich welche eingeschlichen haben sollten.

Die eigentliche Aufgabe der Astrologie bestand aber in der Fixierung von Ort und Zeit. Wer jemals mit Wahrsagern oder Hellsehern zu tun hatte oder sich mit Prophezeiungen in der Bibel beschäftigte, der weiß, daß zeitliche Festlegungen oder lokale Begrenzungen sehr schwierig sind. Vor dem geistigen Auge des Mediums läuft ein Film ab. Es sieht Bilder, Szenen, ist vielleicht sogar selbst in das Geschehen miteinbezogen und muß dann das, was geschieht, mit allen Gefühlen und Regungen miterleben.

Die eigentliche Problematik dabei: Die Vision spult sich in rasender Geschwindigkeit ab, so daß das Medium mit dem Schauen kaum nachkommt und noch größere Not hat, sie zu schildern. So schnell, wie das geht, kann keiner sprechen. Deshalb sind Begriffe wie »rasender Mund« für das Medium überaus treffend.

Wann und wo sich das Ganze aber abspielt, das kann der Prophet nur dann festhalten, wenn die Umstände selbst einen Anhaltspunkt liefern: Es schneit, also muß es im Winter sein.

Manchmal aber gehen zwei, drei Ereignisse, die innerlich miteinander verbunden sind oder auch nach gleichem Muster ablaufen, im Visionsfilm unmittelbar ineinander über. Das bekannteste Beispiel für eine solche Verschmelzung ist die Prophezeiung von der Zerstörung Jerusalems und vom Weltuntergang durch Jesus. Wie in diesem Buch aufgezeigt wird, fallen der Untergang der Heiligen Stadt des Alten Testamentes und der Untergang Roms, der heiligen Stadt des Christentums, in jener Weissagung zu einem einzigen Bild zusammen. Der erste Teil hat sich im Jahre 70 n. Chr. auf grausame Weise erfüllt – genau so, wie es vorhergesagt worden war. Wer die Prophezeiungen beachtet und verstanden hatte, konnte sich retten. Der zweite Teil läßt seit 2000 Jahren auf sich warten. Vor allem die Urchristen, die seinerzeit die Zerstörung Jerusalems miterlebt haben, gerieten in höchste Verwirrung, weil sie überzeugt waren, die Rückkehr Jesu und das letzte Gericht müßten unmittelbar bevorstehen. Gewissermaßen entschuldigend hatte der »Prophet« Jesus allerdings gewarnt:

> *Von jenem Tag und der Stunde aber weiß*
> *niemand etwas,*
> *nicht einmal die Engel im Himmel,*
> *außer der Vater allein.*
> (Matthäus, 24. Kapitel)

Nostradamus war überzeugt davon, einen Ausweg aus dieser Not gefunden zu haben: die Astrologie oder, wie er meist noch sagt, die Astronomie – die Berechnung der Sternbahnen.

Viele Nostradamus-Interpreten haben immer wieder versucht nachzuweisen, ihr Prophet wäre doch überhaupt kein Astrologe gewesen. Sie taten das wohl, weil sie befürchteten, die Beschäftigung mit einer so obskuren Pseudowissenschaft könnte den Seher entwerten oder gar als Scharlatan entlarven.

Doch ohne Astrologie wäre Michel Nostradamus nicht denkbar und sein Werk nicht zu verstehen.

Seine Astrologie hat mit
Jahrmarktshoroskopen nichts zu tun

Allerdings machte er zwischen Astrologie und Jahrmarktshoroskopen deutliche Unterschiede. Zweifellos war er selbst auch ein Astrologe, bei dem man ein Horoskop bestellen konnte. Er verfaßte Kalender, die über das Wetter, drohende Katastrophen, kriegerische Überfälle, Seuchen und andere Gefahren Auskunft gaben. Diese Kalender müssen ein sehr gutes Geschäft gewesen sein.

Nach seinem Tod 1566 fand man in seiner Tasche einen Kalender. Darin war sein eigenes Sterbedatum angekreuzt – astrologisch vorausberechnet: »Hic mors prope est«, stand hinter dem 2. Juli. Hier ist der Tod nahe.

Wohlgemerkt: Im Sinne eines seriösen Astrologen sagt er nicht: Hier werde ich sterben! Doch er kannte die für ihn lebensbedrohende Konstellation und wußte, daß er an diesem Tag sterben könnte.

Doch diese prognostische Astrologie war nicht sein eigentliches Metier. Bei Horoskopen sind ihm, wie ein Dokument, das im Archiv in Stockholm aufbewahrt wird, beweist, peinliche Fehler unterlaufen. Er sagte dem späteren Kaiser Rudolf II. (1574–1612) im Jahre 1564 voraus, er werde zweimal heiraten und in seinem Sohn einen Nachfolger finden. Rudolf blieb unverheiratet. Er hatte keine Kinder. Und sein Nachfolger wurde der Bruder Matthias.

Nostradamus selbst hat sich von dieser Astrologie als Instrument der persönlichen und präzisen Schicksalsvorhersage immer wieder distanziert. Er kannte die Schwächen der Astrologie, die sich immer darauf beschränken muß, bei persönlichen Schicksalen auf Risiken und Gefahren hinzuweisen, ohne so klare Aussagen wie ein Seher machen zu können. In seinem Bannspruch gegen unberufene Interpreten seiner Prophezeiungen nannte er deshalb auch ausdrücklich die Astrologen:

> *Haltet euch fern, ihr Astrologen, Dummköpfe und Barbaren.*
> *Wenn ihr es nicht tut, sollt ihr nach alten heiligen Riten verflucht sein.*
> (Centurie VI/100)

Seine Form von Astrologie war die judizielle Astrologie. Mit dieser Unterscheidung befindet er sich im Einklang mit den großen Theologen des Mittelalters. Schon der heilige Thomas von Aquin (1225–1274) hatte gelehrt, daß die Geburtshoroskope, die im Detail das Schicksal eines Menschen vorhersagen wollen, unerlaubt und ein Werk des Teufels sind, weil sie dem freien Willen und den zufälligen Ereignissen nicht gerecht werden können. Demgegenüber ist die Vorhersage aus den Sternen nicht nur erlaubt, sondern geradezu verdienstvoll, wenn es um Charakterdeutung und große Ereignisse geht, die zwangsläufig eintreten müssen – also bei Finsternissen, Katastrophen, Seuchen, Kriegen. Denn hier wird das physikalische Gesetz von Ursache und Wirkung durchschaubar.

Entsprechend verteidigt Nostradamus seine Astrologie im Brief an Sohn Cäsar: Der Himmel ist ewig. Er überspannt Vergangenheit, Gegenwart und Zukunft. Im Lauf der Sterne, die von Gott bewegt werden, lassen sich die großen Ereignisse herauslesen. Damit kann der Mensch hinter Gottes Planen und Walten blicken.

Wie erwähnt, stammen die Prophezeiungen des Nostradamus aber nicht aus astrologischen Berechnungen, da diese nur Kontrollfunktion besaßen und als Instrument zur zeitlichen und örtlichen Einordnung der Visionen dienten.

Kann ein Prophet sich irren?

Wenn es in den Prophezeiungen Schwachstellen geben sollte, dann hätten wir sie heute, mehr als 400 Jahre nach Nostradamus und geprägt von einem doch völlig anderen Weltverständnis, zunächst in den astrologisch bestimmten Zeitangaben zu suchen. Nostradamus hat sie, wie er selbst sagte, »so gut er mit seinen schwachen Kräften es vermochte«, berechnet. Er war, wie jeder andere Mensch, ganz bestimmt nicht gefeit gegen Fehler. Darüber dürfen auch seine Glanzleistungen wie etwa die präzise Voraussage des Ausbruchs des Zweiten Weltkrieges nicht hinwegtäuschen. Bei Zeitangaben sind Irrtümer nicht auszuschließen. So hat er beispielsweise aus seiner Denkweise heraus die katastrophalen Verhältnisse um das Jahr 2000 an der Sonnenfinsternis im August 1999 fixiert und an besonders schwierigen Sternenkonstellationen, die gleichzeitig gegeben sein werden. Auch wenn dem Seher bisher kein einziger Fehler nachgewiesen werden konnte – in dieser Zuordnung könnte er sich geirrt haben. Eine kleine Hoffnung bleibt uns, wenngleich sie wirklich nur sehr klein ist.

Eine zweite Fehlermöglichkeit liegt in der bereits

angesprochenen Problematik, visionär geschaute Szenen richtig zu interpretieren. Für den Mann des 16. Jahrhunderts mag manches viel schlimmer ausgesehen haben, als es wirklich ist, so daß Übertreibungen in der Schilderung nicht auszuschließen sind. Auch das ist eine winzige Hoffnung. Nostradamus war ein Mensch. Es schmälert seine Leistung keineswegs, wenn man ihm dementsprechend Fehler einräumt. Er selbst war zwar überzeugt davon, daß seine Visionen göttlichen Ursprungs sind. Wir wissen heute jedoch, daß die Prophetie eine menschliche Begabung darstellt, ein Prophet sich also auch einmal irren darf.

Viel Schaden durch Interpreten

Über die Prophezeiungen des Michel Nostradamus ist viel gerätselt, an ihnen ist in 400jähriger Geschichte viel herumgedeutet und in sie ist viel blühender Unsinn hineininterpretiert worden. Jeder, der sich an die Centurien heranwagt, ist automatisch in der Gefahr, herauszulesen, was er selbst hören möchte. Daran kann es keinen Zweifel geben. Jede Übersetzung in eine moderne Sprache ist bereits eine Interpretation, die ohne Fehler nicht denkbar ist.

Diese Fehler, die falschen, bruchstückhaften, mißverstandenen Deutungen der Texte, haben Nostradamus in der zurückliegenden Zeit – und gewiß auch in unseren Tagen – weit mehr Schaden zugefügt als etwa die tatsächlich nachweisbaren Fehler in den Prophezeiungen selbst. Wie viele Interpreten glaubten schon den Schlüssel für die richtige Zeitabfolge der Verse gefunden zu haben! Kaum ein Ereignis, zu dem nicht irgendeiner den passenden Vers findet, wobei auch vor absichtlichen Fälschungen und Erfindungen nicht haltgemacht wird. Man braucht nur daran zu denken, wie Michel Nostradamus von den Herren des Dritten Reiches mißbraucht wurde! Wie seriöse Nostradamus-Forscher nach ursprünglich großen Erfolgen dazu gebracht wurden, den Seher zu verfälschen!

Von 1555 bis zum Jüngsten Tag im Jahre 3797

Der Seher hat zunächst sieben sogenannte Centurien verfaßt, Hundertschaften, Zusammenfassungen über das, was in Jahrhunderten geschehen wird. Es handelt sich um jeweils 100 Vierzeiler. Die siebte Centurie besitzt nur 44 Verse.

Diese 644 prophetischen Gedichtstrophen widmete Michel Nostradamus am 1. März 1555 seinem erst zweijährigen Sohn Cäsar, gewissermaßen als väterliches Vermächtnis. In einem Vorwort werden der Zweck der Prophezeiungen und die Art des Weissagens erklärt und einige zusätzliche Ausblicke in die Zukunft gegeben. Drei Jahre später, am 27. Juni 1558, waren neue Prophezeiungen, die Centurien VIII–X, fertig. Nostradamus ließ sie, wiederum mit einem ausführlichen Einleitungstext versehen, dem damaligen König Heinrich II. überreichen.

Von beiden Werken behauptet der Seher, es wären

»fortlaufende Prophezeiungen von 1555 bis zum Jüngsten Tag im Jahre 3797«. Doch von fortlaufend kann keine Rede sein. Die Verse stehen, von wenigen Ausnahmen abgesehen, in keinerlei Zusammenhang miteinander. Die Zeiten sind durcheinandergewürfelt. Vermutlich hat es Nostradamus gemacht wie die Erbauer der Pyramiden: Um Unbefugte vor dem Eindringen abzuhalten, wurden Zugänge zugemauert, Falltüren und Sackgassen angelegt. Wie er selbst sagt, kamen ihm nach Fertigstellung des Gesamtwerkes Bedenken, es könnten sich Könige, Machthaber, Revolutionäre bei ihren Handlungen auf die Vorhersagen berufen und sich damit entschuldigen, sie hätten ja gar nicht anders als angekündigt handeln können. Vor allem die Bilder der Französischen Revolution haben ihn so erschreckt, daß er Robespierre und seinen Leuten kein »Lehrbuch« zur Hand geben wollte.

Die richtige Reihenfolge der Verse fehlt also. Vermutlich steckt hinter der Unordnung eine gewisse Gesetzmäßigkeit. Zumindest spricht Nostradamus selbst von einem Schlüssel, mit dessen Hilfe die richtige Reihenfolge wiederhergestellt werden könne. Entsprechend suchen Nostradamus-Forscher seit Jahrhunderten nach dem passenden Schlüssel, der die Zeitenfolge erschließen soll. Die einen bemühen dazu kabbalistische Zahlenspiele, andere zählen die Buchstaben der scheinbar willkürlich im Text verstreuten lateinischen Sätze. Es wurden kunstvolle magische Quadrate konstruiert. Und immer wieder jubelt einer, er habe endgültig das Geheimnis gelöst. Doch bislang bleiben alle Versuche dieser Art mehr als unbefriedigend. Eigentlich hätte man auch in diesem Punkt den Propheten ernst nehmen müssen, der angekündigt hat, daß

500 Jahre vergehen, ehe der Schlüssel gefunden wird.

Trotzdem ist es Nostradamus-Kennern zu allen Zeiten gelungen, einzelne Verse richtig zu interpretieren. In diesem Buch sind nur ein paar Beispiele aus der Vergangenheit angeführt. Sie sind keineswegs die einzigen, die sich erfüllt haben. Wollte man alle erwähnen, könnte man ein eigenes Buch darüber schreiben.

Bestseller-Autor Nostradamus

Solche Interpretationen sind möglich, weil erstaunlicherweise die ursprünglichen, unverfälschten Texte bis in unsere Tage erhalten blieben. Die erste Gesamtausgabe der zehn Centurien und der beiden Vorreden wurde im Jahre 1568, also schon zwei Jahre nach dem Tod von Nostradamus, gedruckt. Einige Exemplare davon existieren noch. 1605 und vor allem 1668, nach der vorausgesagten Enthauptung des englischen Königs Karl I., dem ebenfalls prophezeiten Brand und der mörderischen Pest in London, befand sich Europa in einem wahren Nostradamus-Fieber. Ein Nachdruck folgte dem anderen. Die Verleger gruben alte Kalendertexte aus und fügten sie als Présages, Ankündigungen (141 Vierzeiler), und Prédictions, Vorhersagen (58 Sechszeiler), den Centurien an. Es tauchten bald auch »geheime Prophezeiungen« auf, nichts anderes als billige Fälschungen. Nostradamus war zu einem Bestseller-Autor geworden.

Und das trotz aller Schwierigkeiten, ihn zu lesen. Oder vielleicht gerade deshalb? Die Verse sind in einem alten, kaum mehr verständlichen Französisch geschrieben. Nostradamus mixt außerdem unentwegt lateinische und griechische Begriffe in die Texte, schreibt in provenzalischem Dialekt und verwendet Bilder und Namen aus alten Mythen. Er kürzt Namen und Begriffe ab und gebraucht manchmal auch ein Anagramm, das heißt, die Buchstaben eines Namens werden miteinander vertauscht, damit der Leser nicht so leicht erkennen kann, wer gemeint ist.

Michel Nostradamus ist uns von seinem Freund Jean Aimé de Chavigny als sehr humorvoller und immer gutgelaunter Mann beschrieben worden. Er besaß helle graue Augen, die sehr sanft das Gegenüber musterten. Er hatte eine hohe Stirn und trug, wie es damals für gelehrte Herren Sitte war, einen mächtigen, langen Vollbart. Keine Spur von sadistischer Bosheit, die ihr Vergnügen darin findet, die verunsicherte Menschheit über Jahrhunderte mit Schreckensvisionen zu quälen. Vielleicht muß man das ausdrücklich festhalten, wenn man über ihn spricht.

Es gibt nichts mehr zu tun. Ich gehe zu Gott. Es kommen die Nächsten, Freunde und Blutsbrüder. Ich werde neben dem Bett auf einer Bank gefunden. Tot!
(Prédiction 141)

So hat er sein eigenes Sterben vorhergesehen. Und so ist es gekommen. Am 1. Juli 1566 saß Nostradamus abends noch mit de Chavigny zusammen. Die beiden lachten und plauderten. Beim Abschied sagte Nostradamus fast beiläufig: »Adieu, mein Freund. Morgen früh beim Sonnenaufgang lebe ich nicht mehr.« De Chavigny glaubte, er wolle ihn mit einem makabren Scherz erschrecken. Am nächsten Morgen stand Michel Nostradamus früh auf, weil ihm ein Angina-pectoris-Anfall die Brust zusammenschnürte. Er setzte sich auf die Bank neben dem Bett und brach tot zusammen. Es war der 2. Juli, das vorausberechnete Datum seines Todes. Michel Nostradamus ist nicht einmal 63 Jahre alt geworden. Mit seinen nächtlichen Sitzungen und den damit verbundenen Vergiftungen hat er seine Gesundheit ruiniert. Als Arzt hat er das gewußt. Als Prophet und Astrologe wußte er es ebenfalls.

Michel Nostradamus muß ein Mensch gewesen sein, wie ihn später Johann Wolfgang von Goethe in seinem *Faust* beschrieb: ein Mann, ständig auf der Suche, die letzten Geheimnisse des Lebens zu ergründen, hinter die Dinge zu sehen und bisher unerforschte Zusammenhänge zu enträtseln. Goethe muß den Seher und dessen Prophezeiungen zumindest teilweise gekannt haben. In seinem *Faust* widmete er ihm sogar einen Vers:

Flieh! Auf! Hinaus ins weite Land.
Und dies geheimnisvolle Buch
Von Nostradamus' eigener Hand,
Ist es dir nicht Geleit genug?

Um das Jahr 2000: Umsturz auf der Erde – Umsturz am Himmel

Die beiden Vorworte zu den Prophezeiungen

Wer Nostradamus näherkommen will, der muß zunächst seine beiden Vorworte kennen. In ihnen erklärt er sich selbst. Zweck, Absicht, aber auch Machart seiner Prophezeiungen werden beinahe wie in einer Gebrauchsanleitung verständlich gemacht. Zugleich gibt der Seher aber auch eine Zusammenfassung seiner Zukunftsschau.

Das erste Vorwort richtete Nostradamus an seinen kleinen Sohn Cäsar, weil er wußte, daß er keine Zeit mehr haben würde, von Mann zu Mann mit ihm darüber zu sprechen. Cäsar war spät geboren worden: Sein Vater hatte das 52. Lebensjahr überschritten und nur noch elf Jahre zu leben.

Zum besseren Verständnis der nicht ganz einfachen Texte, die möglichst wortgetreu übersetzt sind – auch dort, wo ein Satz nicht auf Anhieb einsichtig ist –, wurde die Vorrede in Absätze geteilt.

Die Zwischentitel sind ebenfalls ergänzt und dienen der Verdeutlichung.

Das Vorwort an den Sohn
Cäsar Nostradamus

Leben und Glück

*Dein spätes Ankommen, mein Sohn Cäsar Nostrada-
mus, hat mich veranlaßt niederzuschreiben, was ich
seit langem in nächtlichen Wachen zusammengetra-
gen habe. Nach dem körperlichen Dahinscheiden deines Vaters sei es dir als Vermächtnis hinterlassen.
Was mir durch Gottes Wesenheit und durch astronomische Konstellationen zur Kenntnis gebracht wurde, soll zu allgemeinem Nutzen der Menschheit werden. Da es dem unsterblichen Gott gefallen hat, dich
nicht befähigt mit natürlicher Erleuchtung in diese
Welt kommen zu lassen – damit ist nicht dein junges
Alter gemeint, sondern deine Geburt im Zeichen
Mars, die dich unfähig macht, in deinem schwachen
Verständnis zu begreifen, was ich gezwungener-
maßen nach meinen Tagen erklären müßte.*

Jede Prophezeiung kommt von Gott

*Deshalb ist es nur möglich, dir schriftlich zu hinter-
lassen, was vom Zahn der Zeit unkenntlich gemacht
würde. Das Schlüsselwort zu den okkulten Prophezeiungen bleibt allerdings in meinem Inneren ver-
schlossen.*

Man muß in Betracht ziehen, daß die Ereignisse letztlich ungewiß sind und daß alles regiert und verwaltet wird von der unbegreiflichen Macht Gottes. Sie inspiriert uns nicht in trunkener Raserei und nicht in physischer Erregung, sondern durch die astrologische Bestätigung.

Nur weil sie vom Geist Gottes angehaucht sind, können sie vorhersagen und am prophetischen Geist teilhaben.

Wie oft schon habe ich seit langem, gelegentlich lange im voraus, vorhergesagt, was dann wirklich auf einzelnen Gebieten eingetroffen ist, wobei man gleich hinzufügen muß, daß alle Ereignisse durch göttliche Kraft und Eingebung zustande kamen. Andere glückliche und traurige Ereignisse, die rasch und zuverlässig vorhergesagt waren und die eingetroffen sind, wurden durch das Klima der Welt verursacht.

Ich wollte eigentlich schweigen und von der Niederschrift ablassen – wegen der Beleidigungen. Dabei denke ich nicht nur an die gegenwärtigen, sondern auch hauptsächlich an die zukünftigen. Denn die Regierungsformen, Parteien, Religionen werden aus heutiger Sicht so radikale Veränderungen durchmachen, sich geradezu ins Gegenteil verkehren, daß die Herrschenden, die Führer der Parteien, die Kirchenleitungen, würde ich berichten, was in Zukunft geschieht, es so schlecht in Einklang mit ihrer ausschweifenden Phantasie bringen könnten, daß sie verdammen würden, was für Jahrhunderte als Zukunft erkennbar vorhergesehen und dargestellt ist. Ich habe auch das Wort des wahren Retters bedacht: »Gebt das Heilige nicht den Hunden, und werft eure Perlen nicht den Schweinen vor, denn sie könnten sie

mit ihren Füßen treten und sich umwenden und euch
zerreißen.« (Matthäus 7/6)

Warum der Sinn verschleiert ist

Das war für mich der Grund, meine Sprache vom
Volk und die Feder vom Papier zurückzuziehen.
Doch dann beschloß ich, mich auszubreiten, die Er-
eignisse, soweit sie von allgemeinem Interesse sind,
mit verschlossenen und verwirrenden Sätzen darzu-
legen. Das alles soll zarte Ohren nicht verletzen. Des-
halb ist alles in verschwommenen Bildern geschrie-
ben, verschwommener als alle anderen Prophezeiun-
gen. Denn: »Du hast es den Weisen und Klugen ver-
borgen, das heißt den Mächtigen und Königen, und
hast es erläutert den Unmündigen und Schlichten«
(Matthäus 11/25). Und für Propheten gilt: Der Geist
der Weissagung ist ihnen durch den unsterblichen
Gott und durch gute Engel zuteil geworden. Mit sei-
ner Hilfe sehen sie auch weitentfernte Dinge und kön-
nen zukünftige Ereignisse vorhersehen.
Denn nichts kann sich ohne IHN ereignen. So groß ist
seine Macht und seine Güte seinen Geschöpfen
gegenüber, daß sich ihnen, solange er in ihnen ver-
harrt, das Feuer und die Kraft der Prophezeiung
nähert, auch wenn sie stets anderen Einflüssen un-
terworfen sind.
Wir Menschen können nicht aus eigener natürlicher
Einsicht und dank geistiger Fähigkeiten etwas von
den verborgenen Geheimnissen Gottes, des Schöp-

fers, erkennen, weil es uns nicht zusteht, die Zeit zu kennen noch den Augenblick.

Gleichwohl kann es auch in der Gegenwart Menschen geben, durch die der Schöpfer in bildhaften Impressionen einige Geheimnisse der Zukunft enthüllen will. Sie sind im Einklang mit der berechenbaren Astrologie. Durch sie erhalten wir eine gewisse Macht. Wie die Flamme vom Feuer kommt, so werden sie inspiriert. Und man lernt göttliche von menschlicher Inspiration zu unterscheiden. Denn die Werke Gottes sind vollkommen. Gott vollendet sie selbst. Mittler sind die Engel. Als dritte wirken die bösen Geister.

Es gibt keinerlei Unsicherheit

Gewiß, mein Sohn, ich spreche hier zu dir ein wenig dunkel. Doch so ist es eben mit geheimen Weissagungen, die man vom alles durchdringenden Geist des Feuers erhält, manchmal auch durch lebhaftes Begreifen bei der Betrachtung der höchsten Sterne während Nachtwachen. So ist es auch bei ihrer Niederschrift, wobei ich immer wieder überrascht bin, daß ich die Ankündigungen ohne die geringste Furcht, frech und geschwätzig zu sein, vornehme: Warum auch? Alles geht aus der göttlichen Macht des großen ewigen Gottes hervor, aus der alles Gute entspringt. Noch eines, mein Sohn, da ich den Begriff Prophet verwendet habe: Ich will mir in heutiger Zeit den Titel so großer Erhabenheit nicht zulegen. Denn was

heute als Prophet bezeichnet wird, hieß früher Seher.
Ein wahrer Prophet ist jener, der Dinge sieht, weitab
vom natürlichen Wissen jeder Kreatur. Wenn es aber
geschieht, daß der Prophet dank einer vollkommenen
prophetischen Erleuchtung unverhüllt göttliche und
menschliche Dinge sieht, dann ist das eigentlich un-
möglich, weil sich die kausalen Auswirkungen der
vorhergesagten Zukunft über lange Zeiträume er-
strecken.

Warum Prophezeiungen möglich sind

Denn die Geheimnisse Gottes sind unbegreiflich. Die
schöpferische Kraft berührt aber nur sehr entfernt die
natürliche Einsicht, die ihren naheliegendsten An-
satzpunkt in der Willensfreiheit sieht. Tatsachen las-
sen auf Ursachen zurückschließen, die von sich aus
nicht erfaßbar sind, weder durch menschliches Deu-
ten noch durch andere Einsicht, noch durch okkulte
Kräfte unterhalb der Himmelswölbung. Nicht einmal
durch die Tatsache, daß die ganze Ewigkeit in ihr
gegenwärtig ist und sie alle Zeiten umfaßt.
Dank dieser unteilbaren Ewigkeit allerdings und der
hiraklianischen, versammelnden Vorgänge am Him-
mel sind die Ursachen durch die Bewegungen am
Himmel erkennbar.
Verstehe es wohl, mein Sohn: Ich sage nicht, die Ein-
sicht in diese Materie könnte nicht eines Tages doch
noch in dein schwaches Gehirn eindringen. Ich be-
haupte nicht, die Ursachen der entfernten Zukunft

wären von der vernünftigen Kreatur nicht erfaßbar.
Wenn dem nichts entgegensteht, kann das Geschöpf
mit einer geistigen Seele gegenwärtige Ursachen
langfristig erkennen. Und sie sind für ihn weder zu
dunkel noch zu deutlich enthüllt. Die vollkommene
Einsicht in die Ursachen kann ohne göttliche Inspi-
ration allerdings nicht erworben werden. Denn jede
prophetische Inspiration erhält ihren ersten Anfang
und Impuls von Gott, dem Schöpfer. Danach erst
folgen Horoskop und natürliche Begabung.
Weil aber die Ursachen unterschiedlich sind und un-
terschiedliche Ergebnisse hervorbringen oder nicht
hervorbringen, kann sich die Vorhersage auch nur
zum Teil so verwirklichen, wie sie angekündigt
worden ist.

Absage an die Magie

Denn die aus dem Verstand gewachsene Einsicht
kann das Okkulte nicht wahrnehmen, es sei denn
durch die Stimme der Trance, mit Hilfe der winzigen
Flamme, in der sich ein Teil der künftigen Ereignisse
enthüllt.
Ich bitte dich auch, mein Sohn, beschäftige niemals
deinen Verstand mit solchen Träumereien und Wahn-
gebilden. Sie trocknen den Körper aus, stürzen die
Seele ins Verderben und verwirren die schwachen
Sinne. Dasselbe gilt auch für den Wahnsinn der mehr
als abscheulichen Magie, die schon seit eh und je von
der Heiligen Schrift und den göttlichen Gesetzen ver-

*worfen wird. Als wichtigster Teil ist nur die bere-
chenbare Astrologie ausgenommen. Mit ihrer Hilfe,
mit Inspiration und göttlicher Erleuchtung in regel-
mäßigen Nachtwachen und Berechnungen haben wir
unsere Prophezeiungen gefaßt und niedergeschrieben.*

*Wenn ich auch überhaupt nicht befürchtete, jene ok-
kulten Philosophien könnten sich als falsch erweisen,
so wollte ich ihre hemmungslose Überredungskunst
doch niemals veröffentlichen, wenn ich auch viele
Bücher, die jahrhundertelang versteckt wurden, gekannt habe. Weil ich nicht wußte, was mit ihnen geschehen würde, habe ich sie nach der Lektüre verbrannt. Während die Flammen sie verzehrten und in
die Luft züngelten, entstand eine ungewöhnliche Hel-
ligkeit, klarer als natürliches Licht. Sie glich einem
blendenden Blitz. Sie erleuchtete das Haus so plötzlich, als wäre es augenblicklich in Brand geraten.
Letztlich also habe ich sie verbrannt, damit sie in der
Zukunft nicht mißbraucht werden. Man könnte
schließlich die vollkommene Umwandlung von Silber
und Gold versuchen, unter der Erde nach un-
vergänglichem Metall und nach okkulten Wellen
fahnden.*

Die drei Elemente der Prophezeiung

*Was nun aber die Vorhersagen betrifft, die sich dank
der Deutungen des Himmels vervollständigen lassen,
will ich dir folgendes offenlegen: Gerade weil man*

Kenntnis hat über künftige Ereignisse, kann man die phantastischen Bilder, die auftauchen, weit von sich weisen. Die Besonderheit der Orte läßt sich durch göttliche, übernatürliche Inspiration abgrenzen. Dann bringt man diese Orte mit den himmlischen Zeichen in Einklang, um die dazugehörenden Zeitabschnitte zu bestimmen. Es sind also drei Schritte: okkultes Wissen, Begabung und göttliche Macht, vor deren Angesicht die drei Zeiten (Vergangenheit, Gegenwart, Zukunft) in der Ewigkeit zusammengefaßt sind. Deshalb also, mein Sohn, kannst du trotz deines noch zarten Verstandes leicht einsehen, daß die Dinge, die kommen müssen, sich ankündigen können in den nächtlichen himmlischen Lichtern, die natürlich sind, und durch den Geist der Prophetie. Ich will mir weder Titel noch die Leistungen eines Propheten anmaßen. Doch durch die unverhüllte Inspiration bin ich als sterblicher Mensch mit den Sinnen nicht weiter vom Himmel entfernt als mit den Füßen von der Erde. Ich kann mich nicht irren noch täuschen, noch getäuscht werden. Ich bin ein größerer Sünder als jeder andere auf dieser Welt, unterworfen jeder menschlichen Anfechtung.

Doch einige Male in der Woche versetze ich mich in Trance. Danach reinige ich in langen Berechnungen die nächtlichen Studien vom Schwefelgeruch. So habe ich prophetische Bücher zusammengestellt. Jedes enthält 100 astronomisch berechnete, prophetische Vierzeiler. Ich habe sie absichtlich ein wenig dunkel gehalten. Es handelt sich um fortlaufende Weissagungen von heute bis zum Jahr 3797.

Vielleicht wird der eine oder andere sich angesichts dieses Zeitumfangs abwenden. Doch zur Vollmondzeit wird es stattfinden und eingesehen werden. Und die Zusammenhänge werden auf der ganzen Erde verstanden werden, mein Sohn.

Wenn du auf natürliche, menschliche Weise erwachsen geworden bist, wirst auch du in deiner Heimat am klaren Himmel deines Geburtsortes künftige Dinge vorhersehen.

Warum Prophezeiungen wahr sein müssen

Wenn auch der ewige Gott allein die Ewigkeit seines Lichtes (Sterne) kennt, das aus ihm selbst hervorgeht, so sage ich doch ganz offen: In seiner unendlichen, unermeßlichen und unbegreiflichen Größe wollte er in ausgedehnten, erschütternden Inspirationen enthüllen, was nur mittels verborgener Ursachen von Gott geoffenbart werden kann. Er tat dies auf zweierlei prinzipielle Weisen, die von dem, der prophezeit, verstandesmäßig begriffen werden. Die eine ist eingegeben. Das übernatürliche Licht erstrahlt in der Person, die mittels der Sternenkunde Voraussagungen macht und prophezeit dank inspirierter Enthüllungen. Die andere ist eine gewisse Teilhabe an der göttlichen Ewigkeit. Der Prophet kann dank dieser Gnade als richtig erkennen, was sein göttlicher Geist ihm in der Gnade Gottes, des Schöpfers, und auf natürliche Anregung hin übermittelt hat. Das bedeutet aber: Das, was vorhergesagt ist, ist wahr. Es hat seinen Ursprung im Himmel. Sein Licht (Sterne) und die winzige Flamme (im Herzen) sind von großer

Kraft und Erhabenheit. Sie werden bestätigt durch das natürliche Licht, das den Philosophen ihre Gewißheit gibt. Die Anerkennung des Prinzips von Ursache und Wirkung läßt die tiefsten Abgründe der höchsten Lehre erreichen.
Doch genug davon, mein Sohn. Ich will mich nicht zu tiefsinnig auslassen, sonst verstehst du es später doch nicht.

An dieser Stelle bricht Nostradamus seine Erklärungen ab. Er kennt das Horoskop seines Sohnes und weiß, daß er keine prophetische Begabung besitzt und sich auch nur nebenbei mit der Astrologie befassen wird. Er ist ein Widder und Verstandesmensch, dem im Grunde das Werk seines Vaters fremd bleiben muß. Cäsar Nostradamus ist ein Gelehrter geworden, der unter anderem ein Geschichtsbuch über die Provence geschrieben hat. Er wurde von Ludwig XIII. zum Ritter und Kammerherrn ernannt. Ein zweiter Sohn, der wie sein Vater Michel hieß, versuchte in die Fußstapfen des Vaters zu treten. Er sagte als Astrologe einen Brand in der Stadt Le Pourzin voraus. Als die Vorhersage nicht eintraf, legte er selbst Feuer, wurde dabei ertappt und 1574 hingerichtet.

Die Riesenflut im 3. Jahrtausend

Nach den Rechtfertigungen seines Könnens geht Nostradamus in seinem Vorwort nun direkt zu einer Kurzfassung der Prophezeiungen über, wobei er aber auch hier keine zeitliche Reihenfolge der Ereignisse einhält, sondern gleich zum Kernpunkt kommt, auf den alle Prophezeiungen hinzielen: den letzten großen Aufruhr in unseren Tagen. Der Seher verwendet das Wort Revolution für das, was sich unten auf der Erde und oben am Himmel ereignen wird. Die unvorstellbaren Wasserfluten, der Steinregen und das Feuer, das vom Himmel fallen soll, müssen sicherlich ganz wörtlich verstanden werden. Es liegt nahe, bei der Schilderung an das Kippen der Erdachse und an Verschiebungen kosmischer Kräfte zu denken:

Ich bin davon überzeugt, daß die Briefe ein riesiges Gequassel auslösen werden, weil ich herausfand, daß der Welt ein Aufruhr bevorsteht. Die Überschwemmungen und die Fluten werden so hoch steigen, daß es kaum ein Gebiet mehr geben wird, das nicht mit Wasser bedeckt wäre. Und das wird so lange dauern, daß alles verloren zu sein scheint.
Vor diesen Ereignissen und ebenfalls nach der Riesenflut wird es in verschiedenen Gegenden so wenig regnen, werden riesige Mengen von Feuer und glühende Steine vom Himmel fallen, daß dort keiner bleiben kann, ohne erschlagen zu werden. Das wird in Kürze geschehen, vor dem letzten Aufruhr. Dann nämlich, wenn der Planet Mars seinen Jahrhundertzyklus vollendet, am Ende seiner letzten Periode, wenn sein Lauf von vorne beginnt. Dann sind einige Planeten für mehrere Jahre im Tierkreiszeichen Wassermann, andere für noch längere Zeit und unverrückbar im Zeichen Krebs.
Jetzt stehen wir unter der Regentschaft des Mondes. Dank der vollkommenen Macht des ewigen Gottes

wird die Sonne folgen, noch bevor der Mond seinen Lauf völlig vollendet hat. Dann folgt Saturn. Wenn nach den Gesetzen des Himmels die Herrschaft Saturns rückläufig sein wird, das ist alles berechnet, nähert sich die Welt einem zeitverändernden Umsturz.

Erneut bricht Nostradamus ab. Er hat eine schlimme Wetterkatastrophe angekündigt, eine Überschwemmung unvorstellbaren Ausmaßes, dazu aber auch einen Regen glühender Steine, die alles zerschlagen. Solche Steinregen hat es wiederholt in der Geschichte gegeben. Doch ganz offensichtlich spricht Nostradamus nicht von einer lokal begrenzten Katastrophe, sondern, wie die nachfolgenden Erklärungen zeigen, von einem umwälzenden Ereignis. Wie wir heute wissen, sprechen auch viele andere Prophezeiungen von einer bevorstehenden verheerenden Wasserflut, in der ganze Kontinente untergehen sollen. Amerikas »schlafender Prophet« Edgar Cayce (1877–1945) beispielsweise hat angekündigt, Japan werde im Meer versinken.

Nostradamus gibt auch eine astrologische Zeitangabe für das Geschehen: wenn das Zeitalter des Mars zu Ende ist. Damit spielt er auf uralte astrologische Vorstellungen an, die wohl noch auf die babylonische Astrologie zurückgehen und früher, im Gegensatz zu heute, verstanden wurden: Für uns moderne Menschen unvorstellbar, haben bereits die Weisen der frühen Jahrtausende den Umlauf der Sterne und die Verschiebungen der großen Sternbilder berechnet. Sie ermittelten das sogenannte »platonische Jahr«, einen Zeitraum von 25 827 Jahren. So lange dauert es, bedingt durch die Kreiselbewegung der Erdachse, bis die zwölf Sternkreiszeichen vom Widder bis zu den Fischen wieder ihre ursprüngliche Position am Himmel einnehmen. Alle 2152 Jahre verschieben sich die Bilder um ein Zeichen, so daß wir heute am Himmel den Widder dort sehen, wo vor 2152 Jahren zur gleichen Jahreszeit noch der Stier stand. Die Astrologen nennen den Zeitraum von 25 827 Jahren ein Weltenjahr. 2152 Jahre sind entsprechend ein Weltenmonat, 538 Jahre eine Weltenwoche. Der Weltentag dauert 77 Jahre.

Jeder dieser Zeiträume besitzt nach den alten Vorstellungen seinen eigenen Regenten. Das »finstere Mittelalter«, sagt Nostradamus übereinstimmend mit den Astrologen seiner Zeit, stand unter der Herrschaft des Mondes, dem Symbol der Innerlichkeit, der Frömmigkeit, der Empfindsamkeit und der Sehnsucht nach dem Jenseits. Der Weltenmonat Mond war zur Zeit des Nostradamus gerade zu Ende. Er wurde abgelöst vom Sonnenmonat. Es begann die Zeit der strahlenden Königsherrschaften, der barocken Lebensfreude und der glanzvollen Äußerlichkeiten. Es ist kein Zufall, daß sich Ludwig XIV. als »Sonnenkönig« bezeichnete. Demnach befänden wir uns heute im Zeitalter Saturns. Die Schrecken sollen über uns hereinbrechen, wenn ein übergeordneter Jahrhundertzyklus des Mars zu Ende geht. Solche Rhythmen lassen sich nur für einen gewissen Zeitraum, nicht aber auf Jahr und Tag genau bestimmen. Gemeint ist aber ohne Zweifel unsere Zeit.

Umsturz am Himmel

Die Angabe, einige Sterne werden im Wassermann, andere unverrückbar im Krebs stehen, ist noch rätselhafter. Nostradamus und seine Zeit kannten nur Saturn, der mehrere Jahre braucht, um ein Sternzeichen zu durchwandern. Es sieht aber so aus, als hätte der Seher von Pluto, Uranus und Neptun gewußt. Ab 1995 steht Uranus im Wassermann, ab 1998 sind es Uranus und Neptun.

Hat Nostradamus vielleicht von zusätzlichen, bisher unentdeckten Planeten gewußt, die dann unverrückbar im Zeichen Krebs stehen? Oder hat sich das Kippen der Erdachse schon vollzogen, so daß die Sterne anders als bisher am Himmel standen? Die folgenden Hinweise scheinen das zu bestätigen. Nostradamus kehrt wieder in seine Zeit zurück und schlägt den gewaltigen Bogen zu unseren Tagen:

Vom jetzigen Zeitpunkt an, in dem dies geschrieben wird, wird die Welt vor dem Ablauf von 177 Jahren, drei Monaten und elf Tagen durch Pest, lange Hungersnot und Kriege, mehr noch durch Überschwemmungen (Revolutionen) zwischen jetzt und diesem fixen Datum, davor und danach mehrfach so dezimiert, es werden so wenig Menschen überleben, daß man kaum mehr einen finden wird, der sich um die Felder kümmert. Sie werden so lange unbestellt bleiben, wie sie bestellt wurden.
Nach allem, was man am sichtbaren Himmel ablesen kann, wird sich das wiederholen, wenn wir uns im 7. Jahrtausend befinden. Dann wird sich alles vollenden. Wenn wir uns dem 8. Jahrtausend nähern, es

*ist das Firmament der 8. Sphäre mit einer breiten Di-
mension, wird der große Gott den Umsturz beenden.
Die himmlischen Bilder werden zu ihrer gewohnten
Bewegung zurückkehren und zur höheren Bewegung, die unsere Erde stabil und fest macht: Sie soll
nicht auf ewig weggedreht werden, sondern nur, bis
sein Wille erfüllt sein wird. So wird es geschehen und
nicht anders. Gleichwohl wird man, beeinflußt von
mohammedanischen Phantastereien, widersprüchli-
che Meinungen darüber äußern, die jede natürliche
Vernunft übersteigen.*

Das ist die entscheidende Passage in diesem Vorwort.
Nostradamus schildert die Katastrophen, die sich zwischen 1555 und der Französischen Revolution ereig-
neten: 30jähriger Krieg, Pest, Hungersnot, Dezimie-
rung der Bevölkerung in Europa.

Dann schlägt er erneut den Bogen in unsere Tage, ins
7. Jahrtausend. Da seine Prophezeiungen nur bis ins
Jahr 3797, dem Ende der Welt, reichen, kann er nicht
das Jahr 6000 nach Christus meinen, sondern das 7.
Jahrtausend nach der Erschaffung der Erde. So erklärt
er das auch im nachfolgenden Vorwort an König Heinrich II. Errechnet nach den Angaben der Bibel, hat die
Erde vor Christus 4000 Jahre existiert. Wir befinden
uns jetzt demnach an der Wende vom 6. ins 7. Jahrtausend und haben nahezu dieselben Sternenkonstellationen, wie sie zu Nostradamus' Zeit gegeben waren.

Erst im 4. Jahrtausend sollen die Sternenbilder zu
ihrer gewohnten Bewegung zurückkehren, die alte
Ordnung am Himmel soll wiederhergestellt werden.
Dieser bestürzenden Ankündigung folgt die Ermah-
nung, die Zeichen des Himmels ernst zu nehmen. No-

stradamus versucht erneut eine Erklärung zu geben, warum die präzise Vorhersage möglich und wichtig ist:

Auch wird Gott, der Schöpfer, einige Male durch die Überbringer seiner feurigen, flammenden Botschaften den körperlichen Sinnen, selbst den Augen wahrnehmbar, in der Zukunft deutbare Zukunftsvorhersagen anbieten. Wir verdanken sie ihm, der uns die Vorhersagen offenbart.

Denn die Vorhersage, die man von den Sternen erhält, wird zur unfehlbaren Aussage, soweit sie teilhat an den Sternen und sich ihrer bedient.

Gleichfalls ist wahr: Der Teil, der über das Auge die Einsicht zu vermitteln scheint, entspringt nicht falschen Einbildungskräften. Die Begründung dafür ist höchst einfach: Alles wird durch göttliche Eingebung vorhergesagt und dem Propheten durch den Geist der Engel vermittelt. Er wird gesalbt mit der Gabe der Weissagung, die ihn erleuchtet. Er wird erschüttert durch die Bilder der Phantasie, die in unterschiedlichsten nächtlichen Erscheinungen auftauchen. Bilder, die am Tage prophetische Sicherheit erlangen durch die Deutung der Sterne und die Verknüpfung mit biblischen Zukunftsvorhersagen. Alles ist allein in freiem Mut begründet.

An dieser Stelle präzisiert Nostradamus seine bisherigen Aussagen noch einmal. Wir erfahren, daß er nicht nur die in Verse gefaßten Prophezeiungen veröffentlicht hat, sondern noch andere in Prosa. Jene sind uns allerdings nicht erhalten:

Komm, mein Sohn, und höre in dieser Stunde, was ich mit meinen revolutionären Bemühungen, die mit den enthüllten Inspirationen übereinstimmen, entdeckt habe:

Das Todesschwert nähert sich uns in dieser Stunde mit Seuchen und Krieg. Sie werden schrecklicher sein als die der letzten drei Generationen. Hungersnot wird die Erde heimsuchen und oft dahin zurückkehren. Denn die Sterne stehen im Einklang mit der Umwälzung, wie schon geschrieben steht: »Mit eiserner Rute will ich ihre Ungerechtigkeit heimsuchen und sie mit Ruten schlagen.« Eine Zeitlang wird die Barmherzigkeit des Herrn nirgendwo ausgegossen werden, mein Sohn, bis der größte Teil meiner Prophezeiungen sich erfüllt hat. Sie werden sich erfüllen, wenn die Zeit abgelaufen ist. Während der finsteren Sturmzeiten wird der Herr wiederholt sagen: »Ich werde sie zerquetschen. Ich zerbreche sie und habe kein Mitleid.«

Tausend andere Ereignisse werden durch Wasser und ständigen Regen ausgelöst werden, wie ich das mehrfach und ausführlich in meinen anderen Prophezeiungen schriftlich niedergelegt habe. Sie sind ungekürzt zusammengefaßt in ungebundener Sprache. Die Orte sind eingegrenzt, Zeit und Fristen fixiert, damit die Menschen nach uns die künftigen Ereignisse fehlerfrei erfahren können, wie wir es früher schon in anderen Büchern festgehalten haben, wobei ich mich klarer ausdrückte. Die Gebildeten werden die Prophezeiungen trotz der Vernebelungen verstehen.

Ich muß zum Ende kommen, mein Sohn. Nimm also das Geschenk deines Vaters M. Nostradamus. Ich hoffe, daß es dir jede einzelne Prophezeiung der dargelegten Vierzeiler erklärt. Ich bete zum unsterblichen

Gott, er möge dir ein langes Leben in Wohlergehen
und blühendem Glück schenken.
Salon, 1. März 1555.

Die Welt wird veröden

Drei Jahre später hat Michel Nostradamus die 8. bis
10. Centurie veröffentlicht, weitere 300 prophetische
Verse. Er widmete sie dem damaligen französischen
König Heinrich II., der, wie angekündigt, kurz darauf
bei einem Turnier tödlich verletzt wurde. Es gilt als sicher, daß jener König die Prophezeiungen zumindest
teilweise kannte, sie aber niemals überreicht bekam.
Offensichtlich stand er ihnen ablehnend gegenüber
und wollte sie sogar verbieten lassen.

Nostradamus ging es nicht darum, beim König Anerkennung zu finden. Die sehr lange und der damaligen Zeit entsprechend unterwürfig formulierte Einleitung hatte nur den einen Grund: Die Prophezeiungen
sollten vor einer Verfolgung in Sicherheit gebracht
werden. Deshalb versichert er immer wieder seine
Loyalität dem Königshaus gegenüber und betont die
Übereinstimmung der Prophezeiungen mit Bibel und
Lehrmeinung der Kirche. Er verweist auf die Apokalypse und skizziert zweimal die geschichtlichen Berechnungen der Bibel. Zweimal und auf unterschiedli-
che Weise wohl deshalb, weil ihm selbst Zweifel an der
Richtigkeit dieser Rechnungen gekommen sind. Solche Zweifel konnte er damals allerdings nicht offen
aussprechen. Sie hätten ihn als Ketzer auf den Schei-

terhaufen gebracht. Michel Nostradamus erinnert den König an die Audienz, die ihm gewährt wurde.

Um seine Fähigkeiten zu begründen, erinnert er an die Skrofulose-Heilungen der französischen Könige. Seit dem 11. Jahrhundert war es in Frankreich üblich, daß der neue König unmittelbar nach seiner Krönung den Tuberkulosekranken die Hände auflegte, wobei es nicht selten zu Spontanheilungen gekommen ist. In diesem »Wunder« erblickten Volk und Fürsten die Bestätigung dafür, daß der König tatsächlich der rechtmäßige, von Gott erwählte Herrscher war. Der Brauch hielt sich in Frankreich bis ins Jahr 1825. In England und in anderen Ländern gab es ähnliche »Gottesbeweise«.

Das Vorwort an König Heinrich II.

An den unbesiegbaren
überaus mächtigen und allerchristlichsten
Heinrich II.
König von Frankreich.
Von Michel Nostradamus
dem sehr ergebenen, sehr gehorsamen
Diener und Untertan
Sieg und Glückseligkeit!

Dank der königlichen Beachtung, die mir, o christ-
lichster und siegreichster König, zuteil wurde, nach-
dem mein Gesicht lange im Schatten lag, durfte ich
vor Eurer gottgleichen und unermeßlichen Majestät
erscheinen. Seither bin ich ständig geblendet und hö-
re nicht auf, den Tag zu preisen, an dem ich mich
zum erstenmal vorstellen durfte – einer ebenso ein-
zigartigen wie menschlichen Majestät.
So suche ich denn nach einer Gelegenheit, ein starkes
Herz und offenen Mut beweisen zu können, um auf
diese Weise mein Können in voller Breite Eurer al-
lergnädigsten Majestät zur Kenntnis zu bringen. Mir
war natürlich klar, daß ich mich durch Taten nicht
erklären konnte. Doch es ist mein einziger Wunsch,
aus meiner allzu lange andauernden Situation her-
auszutreten in das Licht und vor das Angesicht des
souveränen Herrn und größten Königs des Univer-
sums.

Lange blieb ich im Zweifel, wem ich die drei Centuri-
en, den Rest meiner Prophezeiungen, die das Tausend
voll machen, widmen soll. Nach langem Nachdenken
habe ich sie in kühner Vermessenheit Eurer Majestät
gewidmet. Ich bin nicht erschrocken darüber wie je-
ne, von denen der bedeutende Plutarch in seinem
Werk über das Leben des Lykurg berichtet. Sie sollen
ja angesichts der Opfergaben, die man zu ihrer Zeit
den unsterblichen Göttern opferte, vor der eigenen
Niedrigkeit und Wertlosigkeit so erschrocken sein,
daß sie es nicht mehr wagten, im Tempel zu erschei-
nen. Da ich aber Eure Königliche Hoheit kenne, die
mit unvergleichlicher Menschlichkeit verbunden ist,
habe ich mich an Sie gewandt. Schließlich habe ich
keinen persischen König vor mir, zu dem man kei-
nesfalls gehen, ja, dem man sich nicht einmal nähern
durfte.
Ich habe meine nächtlichen prophetischen Eingebun-
gen einem überaus klugen und weisen Fürsten ge-
widmet. Sie entstammen einem natürlichen Instinkt,
dessen poetisches Feuer sich über die Regeln der
Dichtkunst hinwegsetzt. Die meisten Verse wurden
mit astronomischen Berechnungen in Einklang ge-
bracht, skizzieren also Jahre, Monate und Wochen
für bestimmte Gebiete, Regionen, für die meisten Or-
te und Städte Europas, eingeschlossen Afrika und ei-
nen Teil Asiens, insofern als die kommenden Verän-
derungen der Regionen für die meisten Gebiete auch
klimatische Veränderungen mit sich bringen. Die Ver-
se bilden verschiedene natürliche Blickwinkel. Man
wird einwenden: Für einen, der sich die Nase putzen
muß (für den Sterblichen), ist der Rhythmus der Ver-
se genauso leicht zu begreifen, wie es schwierig ist,

ihren Sinn zu verstehen. Der größte Teil der propheti-
schen Vierzeiler, gnädigster König, ist jedoch so an-
stößig, daß man keine Erklärung und auch keine
Interpretation geben kann.

Trotzdem hoffe ich mit dieser Schrift die Jahre, Or-
te, Städte und Regionen festgehalten zu haben, in
denen sich das meiste ereignen wird – vor allem
zwischen den Jahren 1585 und 1606. Ich beginne
mit der gegenwärtigen Zeit, dem heutigen Tag, also
dem 14. März 1557, und schaue weit darüber hin-
aus bis zu dem Ereignis, das zu Beginn des 7. Jahr-
tausends (Jahr 2000) nach sorgfältigsten Berech-
nungen stattfinden wird. Dann, das legen meine
astronomischen Errechnungen und anderes Wissen
nahe, werden die Gegner Jesu Christi und seiner
Kirche übermächtig zu wuchern beginnen. Das alles
ist komponiert und berechnet nach ausgewählten
Tagen und Stunden und dann zusammengestellt, so
gut ich nur konnte.

Mit Hilfe der Minerva, der freien und unbeeinflußten
Forschung, errechnete ich nahezu ebenso viele Ereig-
nisse für die Zukunft, wie es in der Vergangenheit, die
Gegenwart eingeschlossen, gegeben hat. Im Laufe der
Zeit wird man in allen Gegenden die Zukunft erken-
nen können – genauso, wie ich es niedergeschrieben
habe. Ich habe darüber hinaus nichts hinzugefügt.
Mag man auch sagen, daß der Blick in die Zukunft
keinen unverrückbaren Wahrheitsgehalt besitzt. Es
ist wohl wahr, Sire, ich habe meine natürliche Bega-
bung von meinen Vorfahren geerbt. Doch ich bilde
mir nicht ein, damit allein weissagen zu können,
sondern ich verbinde das natürliche Talent mit ein-
gehenden Berechnungen und bringe es damit in Ein-

klang. Ich befreie meine Seele, den Geist und das Herz von allen Sorgen, Zweifeln und falschen Gemütsregungen, indem ich die Gedanken zum Schweigen bringe. Doch alles, was in Einklang gebracht wurde, beruht auf der Prophezeiung. Mögen auch noch so viele mir vorwerfen, das, was ausschließlich von mir stammt, sei nichts wert. Der ewige Gott allein sieht in das menschliche Herz – und ist dabei mild, gerecht und barmherzig. Er ist der wahre Richter. Zu ihm bete ich, er möge mich verteidigen gegen die Verleumdungen der Bösartigen. Es sind dieselben, die in verleumderischer Absicht herauszufinden versuchen, wieso alle Ihre alten Vorfahren, wenn sie König von Frankreich wurden, die Skrofulose heilten, warum Herrscher anderer Nationen Schlangenbisse kurierten, wieder andere die Gabe der Weissagung besaßen. Es würde zu weit führen, dies alles hier aufzuzählen. Die Niedertracht des Geistes wird im Laufe der Zeit nicht verschwinden. Trotzdem wird denen, die nach meinem Tod kommen, mein Werk mehr gelten als meinen Zeitgenossen – selbst dann, wenn mir in der Berechnung der Jahrhunderte Fehler unterlaufen sein sollten oder wenn die Voraussage nicht dem entsprechen sollte, was jeder gerne hören möchte.

Es wird Eurer mehr als kaiserlichen Majestät gefallen, mir zu vergeben. Vor Gott und seinen Heiligen bekenne ich, daß ich nicht die Absicht habe, in diesem Brief etwas niederzuschreiben, das gegen den wahren katholischen Glauben verstoßen würde, indem ich astronomische Berechnungen zu meinem Wissen hinzuziehe. Die Zeiträume unserer ersten Vorfahren sehen nämlich folgendermaßen aus – in diesem Falle unterwerfe ich mich der Korrektur des heiligsten Urteils:

Der erste Mensch, Adam, lebte etwa 1242 Jahre vor Noah. Ich berechne diese Zeit nicht nach der Formel der Heiden, wie sie etwa Varro niedergeschrieben hat. Ich halte mich strikt an die heiligen Schriften und, soweit mein schwacher Geist sie bewältigen konnte, an astronomische Berechnungen.

Ungefähr 1080 Jahre nach Noah und der weltweiten Sintflut kam Abraham. Er war selbst, so meinen einige, ein überragender Astrologe und Entdecker der chaldäischen Wissenschaft.

Etwa 515 oder 516 Jahre später wurde Moses geboren. Zwischen der Zeit des Moses und der des David sind etwa 570 Jahre vergangen. Schließlich verflossen zwischen David und den Tagen unseres Retters und Erlösers Jesus, geboren von der einzigen Jungfrau, nach Meinung einiger Geschichtsforscher 1350 Jahre. Man mag einwerfen, daß einige dieser Berechnungen unrichtig sein müßten, weil sie von denen des Eusebius abweichen.

Von der Zeit der menschlichen Erlösung bis zur abscheulichen Verführung der Sarazenen vergingen ungefähr 621 Jahre.

Von diesem Zeitpunkt an kann man nun leicht errechnen, wieviel Zeit vergangen ist und ob meine Berechnungen richtig und für alle Nationen gültig sind. Denn alles ist berechnet nach dem Lauf der Sterne, nach der Zusammenfassung der gefühlsmäßigen Eingebungen, die mich in gewissen Stunden überkamen, und nach den von meinen Ahnen ererbten Fähigkeiten. Die Schande der Zeit aber, gnädigster König, macht es nötig, solche verborgenen Ereignisse bestenfalls in rätselhafter Sprache zu offenbaren, die nicht nur einen einzigen Sinn und eine einzige Aussage besitzt, was aber nicht bedeutet, daß eine zweideutige oder doppelsinnige Berechnung hinzugefügt wäre. Wie das bei natürlichen Eingebungen nun mal so ist, bleibt alles in Dunkelheit gehüllt, angepaßt an die Aussage eines der 1002 Propheten, die es seit der Erschaffung der Welt entsprechend der phönizischen Zeitberechnung des Joel gegeben hat: »Ich will von meinem Geist ausgießen über alles Fleisch. Euere Söhne und Töchter werden weissagen« (Joel 3,1). Solche Prophezeiungen gehen nämlich aus dem Mund des Heiligen Geistes hervor, der die ewige unumschränkte Macht verkörpert. Nur in Verbindung mit dem Himmel hat jeder aus der großen Zahl große wunderbare Dinge vorhergesagt.

Ich für meinen Teil maße mir in keiner Weise einen solchen Titel an. Das könnte Gott mißfallen. Ich bekenne aber, daß alles von Gott kommt. Ihm gebühren Dank, Ehre und Lobpreis in alle Ewigkeit. Ich habe nichts von der Wahrsagerei hineingemischt, die von einem festgelegten Schicksal ausgeht. Es stammt alles von Gott, von der Natur. Und das meiste läuft synchron mit der Bewegung der Gestirne. So habe ich gewissermaßen in einen Brennspiegel hineingeschaut und sah in nebelhaften Bildern die großen, traurigen, ungeheuren und grauenhaften Ereignisse, die durch die Machthaber hereinbrechen.

Frankreich – die unfruchtbare Dame

Nach diesen Erklärungen und Rechtfertigungen, in denen aber auch der Zeitraum der prophetischen Schau festgelegt wurde – 1557 bis »zu dem Ereignis, das zu Beginn des 7. Jahrtausends (Jahr 2000) stattfinden wird« –, folgt nun die grandiose Zukunftsschau: Zerfall der christlichen Religion, Zerfall der menschlichen Werte – Nostradamus verwendet den Begriff Dekadenz! –, Zerfall der Natur, ja der menschlichen Persönlichkeit überhaupt.

Die »unfruchtbare Dame« wird einhellig von den Nostradamus-Interpreten als Bild des französischen Staates verstanden. In Frankreich sieht der Seher, analog zu den Juden des Alten Testamentes, das auserwählte Volk des Neuen Testamentes.

Wiederum springt der Prophet, oft in einem einzigen Satz, in den Zeiten hin und her, so daß von einer Chronologie keine Rede sein kann.

Wichtiger als die strenge zeitliche Abfolge ist dem Propheten die Zusammengehörigkeit der verschiedenen Ereignisse, die sich nach dem Gesetz von Ursache und Wirkung richtet:

Ich sehe, daß hauptsächlich auf die Kirche Gottes, dann aber auch auf jene, die die irdische Macht verkörpern, ein riesiger Verfall zukommt, verbunden mit tausend anderen unglücklichen Ereignissen. Im Laufe der Zeit wird man das einsehen. Denn Gott wird die lange Unfruchtbarkeit der großen Dame sehen. Sie wird daraufhin zwei fürstliche Kinder empfangen. Diejenige, die ihr der jugendlichen Unbesonnenheit wegen zur Seite gegeben wird, wird im 18. Le-

bensjahr in Todesgefahr geraten. Sie kann nicht älter
werden als 36 und wird drei Buben und ein Mädchen
hinterlassen. Auch jene, die bisher niemals empfan-
gen hat, wird vom selben Vater zwei Kinder haben.
Unter den drei Brüdern gibt es zunächst große Diffe-
renzen. Doch dann werden sie zusammenhalten und
so sehr ein Herz und eine Seele sein, daß drei und
vier Teile Europas zittern werden. Durch den Jüng-
sten wird die christliche Monarchie aufrechterhalten
und ausgedehnt. Sekten werden sich erheben und
rasch niedergeworfen werden. Die Araber werden
vertrieben, Königreiche vereinigt, neue Gesetze feier-
lich verkündet. Von den anderen Kindern wird das
erste das Land der wilden gekrönten Löwen besitzen,
die furchtlos die Pranken über das Wappen halten.
Der zweite wird zusammen mit den Lateinern ge-
waltig voranstürmen. Er unternimmt den zweiten er-
schütternden und furiosen Zug zum Berg Jupiters
und steigt hinunter, um die Pyrenäen zu erklimmen.
Ihm wird die antike Monarchie nicht anvertraut
werden.

Dieses Bild skizziert offensichtlich den Zerfall der
französischen Monarchie, die Französische Revolution
und Napoleon, den »zweiten Sohn«, der zwar Kaiser,
aber niemals französischer König war. Das Land mit
den gekrönten Löwen ist England. Nun macht Nostradamus einen großen Sprung, und zwar in unsere Zeit.

Der Dritte Weltkrieg wird kommen

Es wird die dritte Überschwemmung mit Menschenblut ausgelöst. Mars wird sich nicht lange in Enthaltsamkeit üben. Die Tochter wird zur Rettung der christlichen Kirche hingegeben werden. Sie stürzt ihren Herrscher in die heidnische Sekte der neuen Ungläubigen. Sie wird zwei Kinder bekommen, eines gläubig, das andere ungläubig. Dem zweiten, das in großer Verwirrung die Kirche ruinieren will und erst später bereut, gehören drei Regionen mit unterschiedlichsten Bündnissen. Das gilt es zu beachten: Es sind die Römer, die Germanen und die Spanier. Sie bilden verschiedene Parteien mit militärischer Ausrichtung. Sie breiten sich vom 50. und 52. Breitengrad aus. Sie führen der Menschheit Religionen zu, die weit entfernt sind von den europäischen Regionen und vom 48. nördlichen Breitengrad. Dort wird man zuerst in arger Zaghaftigkeit zu zittern beginnen.

Schließlich werden das ganze Abendland, der Mittelmeerraum und der Orient vor Angst beben. Das eben ist ihre Stärke (die der Kinder), *die sie in ihrer Eintracht und Union unüberwindbar macht in kriegerischen Unternehmungen. Von Natur aus sind sie gleich, doch es gibt große Unterschiede in dem, was sie glauben.*

Diese Sätze sind kaum falsch zu verstehen. Die neuen Regime, die in Deutschland, Italien und Spanien hochkommen, das sind die faschistischen Parteien, Mussolini, Hitler, Franco. Wahrscheinlich deutet man den Propheten richtig, wenn man ihn so versteht, daß diese Bewegungen mit dem Zweiten Weltkrieg noch längst nicht überwunden sind. Wir erleben es in diesen Tagen. Es ist anzunehmen, daß der Rechtsradikalismus auch zum nächsten großen Krieg, dem Dritten Weltkrieg, führen wird.

Danach wird die unfruchtbare Dame sehr viel mächtiger sein als die zweite. Sie wird von zwei Völkern aufgenommen werden. Vom ersten, das geschockt war durch einen Diktator. Von einem zweiten und dritten, das seine Kräfte nach dem Osten Europas und bis zu den Pannoniern (Österreich/Balkan) ausdehnen wird. Diese werden geschlagen und unterworfen. Mit Hilfe der Marine wird es übergreifen nach Sizilien, über Griechenland nach Deutschland und alles unterwerfen. Die barbarische Religion der lateinischen Länder wird hart bedrängt und davongejagt.

Dieser Abschnitt dürfte noch Ereignisse der Zukunft beschreiben. Wahrscheinlich handelt es sich um einen Angriff aus dem Südosten, bei dem der künftige italienische Diktator eine Rolle spielt. Von ihm wird noch zu sprechen sein.

Die Gefahr kommt aus Südostasien

Dann beginnt die große Herrschaft des Antichristen im Reich des Attila und Xerxes (Rußland/Persien). In riesiger, unübersehbarer Zahl werden seine Anhänger heranstürmen. Das wird so schlimm, daß die An-

kunft des Heiligen Geistes, der am 45. Grad herab-
steigt, eine allgemeine Flucht auslöst. Man flieht vor
den Greueln des Antichristen. Er führt Krieg gegen
den Königlichen, der zum großen Stellvertreter Jesu
Christi wird, und gegen seine Kirche. Er wird in einer
Zeit herrschen, die ihn begünstigt.

Der Antichrist ist ein biblischer Begriff, der von Nostradamus mehrfach verwendet wird für Machthaber,
die gegen die christliche Kirche vorgehen. Nostradamus gibt die Richtung an, aus der die Gefahr kommt:
der Süden der ehemaligen Sowjetunion und Per-
sien/Irak. Der 45. Breitengrad zieht sich von Bordeaux
über Turin zur russisch-rumänischen Grenze. Die
Herabkunft des Heiligen Geistes bedeutet hier wohl
das Strafgericht Gottes, das auf die Menschen herab-
kommt. Der »Königliche« ist ein Machthaber, der weltliche und geistliche Macht in einer Person vereint, der
große »Chiren«, der 1999 an die Macht kommen und
Europa retten soll.

Die kosmische Revolution

An dieser Stelle wechselt Nostradamus zum kosmischen Geschehen, das er in seinem ersten Vorwort bereits angedeutet hat. In unserem Sonnensystem ereignet sich etwas Unvorstellbares. Es sieht aus, als sei die
Erde aus der Bahn geschleudert worden. Aber auch in
dieser Schilderung hüpft der Prophet fast willkürlich
durch die Zeiten. Er spricht vom Holocaust, einem

Begriff, der durch den Zweiten Weltkrieg zum großen Schreckenswort wurde. Und dann verkündet er das Ende der Sowjetunion. Sie hat tatsächlich nur 73 Jahre und sieben Monate lang existiert, von 1917 bis 1991! Schließlich ist Nostradamus wieder beim groß angekündigten Retter: Chiren! Und noch einmal zeigt er den Ausgangspunkt der ganzen Entwicklung: Faschismus, Kommunismus, Deutschland wird wiedervereinigt. Die Völker der ehemaligen Sowjetunion, die sich vom Joch der Kirche befreien wollten, gerieten in noch heftigere Knechtschaft, werden aber zum rechten Glauben zurückfinden. Interessant ist der zu Nostradamus' Zeit völlig unbekannte Begriff »linke Partei«:

Zuvor aber kommt es zu einer Sonnenfinsternis. Es wird die dunkelste und finsterste seit Erschaffung der Welt bis zum Sterben und Leiden Jesu Christi und von da bis zum heutigen Tag. Im Monat Oktober werden einige so große Verschiebungen eintreten, daß man glauben wird, die Schwerkraft der Erde hätte ihre natürliche Bewegung verloren und die Erde wäre hinausgeschleudert in die ewige Finsternis. Im Frühling werden diesem Ereignis extreme Veränderungen vorhergehen und später nachfolgen, nämlich Umgestaltungen der Länder. Und zwar zum einen durch schwere Erdbeben und zum anderen durch das Überhandnehmen des neuen Babylon, der miserablen Tochter, gestärkt und großgeworden durch die Greuel des ersten Holocausts. Sie wird sich nicht länger als 73 Jahre und sieben Monate halten können. Dann wird aus dem Stamm jener, die so lange unfruchtbar war, der Mann hervorsprießen, geboren am 50. Breitengrad, der die ganze christliche Kirche

erneuern wird. Es wird zum großen Frieden kom-
men, zur Eintracht der Kinder, die durch Grenzen
verwirrt und getrennt gewesen sind. Es wird jener
Friede sein, in dem der Anstifter und die treibende
Kraft der Kriegspartei und der religiösen Spaltung im
tiefsten Abgrund angekettet blieb. Das Reich des Toll-
wütigen, der den Weisen spielen wollte, wird geeinigt
werden. Und die Landstriche, Dörfer, Städte, Gegen-
den und Provinzen, die die ersten Wege verlassen
hatten, um sich zu befreien, sich dabei aber nur noch
schlimmer gefangensetzten, werden sich insgeheim
in noch tiefere Knechtschaft begeben. Nach dem völli-
gen Verlust der Religion werden sie anfangen sich
loszuschlagen von der linken Partei, um zur rechten
zurückzukehren. Sie werden das lange Zeit unter-
drückte Heilige und die Heilige Schrift wieder in Eh-
re hochhalten.

Verfall der Kirche

Jetzt läßt der Seher den Blick wieder vorausschweifen.
Es hört sich an, als versuche er genau unsere moderne Zeit zu schildern. Sehr hart die Rüge, die er gegen
die Kirche richtet! Wen meint er aber mit dem Hund
und dem noch größeren Bluthund? Erst Chiren wird
Ordnung schaffen können. Es muß sich also um
Machthaber handeln, die vor 1999 die Welt ins Unglück stürzen:

Wenn nach dem großen Hund der noch größere Blut-
hund auftauchen wird, der alles in Schutt und Asche

legt, selbst das, was vorher schon zerstört wurde, werden sie die Kirchen wieder so aufbauen, wie sie früher waren. Der Klerus wird wieder in seinen früheren Stand gesetzt. Doch er wird erneut anfangen herumzubuhlen, in Luxus zu schwelgen und tausend Sünden zu begehen.

Damit bahnt sich bereits das nächste Unheil an. Dann nämlich, wenn sie (die Kirche) in höchster und erhabenster Würde erstrahlt, rüsten die Machthaber und die Superheere. Es werden ihr die beiden Schwerter (weltliche Macht, Gerichtsbarkeit) abgenommen. Ihr bleiben nur äußerliche Zeichen. Mit anziehender Demut bringt sie das Volk endlich auf den rechten Weg. Da sie jenen nicht willfährig sein will, die mit entgegengesetzten Zielen und harter Hand die Erde antasten und die für Aufruhr sorgen bis zum Zeitpunkt, da aus dem Zweig der lange Zeit Unfruchtbaren jener sprießt, der die Menschen der Erde wohltuend und bereitwillig aus der Knechtschaft befreit, wird sie (die Kirche) sich unter den Schutz des Mars stellen und Jupiter aller Ehren und Würden berauben – alles zugunsten der freien Stadt, die in einem anderen, kleinen Mesopotamien gegründet wurde.

Mesopotamien, so nannte man früher die Gegend um Euphrat und Tigris, das heutige Grenzland zwischen Iran und Irak. Mit der freien Stadt in einem anderen, kleinen Mesopotamien könnte Kuwait gemeint sein, dessen Befreiung 1991 zum Golfkrieg führte.

Im folgenden Abschnitt ist die Rede von der Entführung des Papstes. »Chef und Statthalter« waren im Mittelalter Bezeichnungen für das Oberhaupt der christlichen Kirche. Der Entführer muß einer sein, der

Ordnung schaffen möchte, denn Thrasybulos war ein Grieche, der seine Vaterstadt Athen von der Tyrannei befreite:

Und der Chef und Statthalter wird aus der Mitte entführt und an einen Ort in der Luft gebracht, ohne daß er etwas ahnt von der Konspiration der Verschwörer mit dem zweiten Thrasybulos, der das alles von langer Hand vorbereitet hat.
Zur großen Schande der Niederträchtigen werden die Greueltaten bestritten. Die Enthüllungen bleiben im Nebel des getrübten Lichts. Das wird sich ändern zum Ende der Umbildung seiner Herrschaft hin. Die Häupter der Kirche können mit der Liebe Gottes nicht mithalten. Viele von ihnen weichen sogar vom wahren Glauben ab.

Nun folgt eine sehr interessante Schilderung der Glaubensverwirrungen in unseren Tagen. Nostradamus spricht von den drei großen Religionen, die in Europa nebeneinander existieren: von der Neigung vieler Menschen zu fernöstlichen Glaubensrichtungen, vom Heimischwerden des Islam in unserer Heimat und vom Verfall des christlichen Glaubens. Gog und Magog stehen in der Geheimen Offenbarung des Johannes für Völker, die das christliche Abendland bedrohen:

Von den drei Konfessionen (Buddhismus, Christentum, Islam) *gerät die mittlere durch ihre eigenen Priester etwas in Mißkredit. Die erste* (Buddhismus) *wird in ganz Europa heimisch, der größte Teil der dritten* (Islam) *wird in Afrika durch die Armen im Geiste ausgerottet, weil sie taktlos und überheblich in verschwenderischem Luxus lebte.*

Das kleine Volk wird sich in breiter Masse erheben und alle verjagen, die sich an die Gesetze halten. Es wird so aussehen, als würden die Reichen durch orientalische Völker geschwächt, als hätte Gott selbst Satan aus seinem höllischen Gefängnis befreit, um Gog und Magog zur Welt kommen zu lassen. Sie sorgen für eine so scheußliche Spaltung der Kirche, daß weder die Roten noch die Weißen – beide blind und handlungsunfähig – mehr wissen, was sie tun sollen. Ihnen wird die Macht entrissen. Danach setzt die Verfolgung der Kirche ein, wie es sie noch nie zuvor gegeben hat.

Apokalyptisches Bild einer Atomkatastrophe

Im nächsten Abschnitt warnt uns Nostradamus vor den schrecklichen Folgen einer weltweiten Atomkatastrophe. Leider gibt es keinen Grund zur Hoffnung, so etwas könnte uns dank der Vernunft der Menschen erspart bleiben. Die Aussagen sind unmißverständlich. Nostradamus spricht wieder vom Gebiet um Euphrat und Tigris. Mit dem »Ort, an dem einst Abraham wohnte« dürfte Ur gemeint sein, seine ursprüngliche Heimat. Es lag an der Grenze zwischen Kuwait und dem Irak. In Kanaan hatte Abraham nämlich keinen festen Wohnsitz. Er war Nomade. Paris, Malta, Südfrankreich sind unbewohnbar geworden. Über Israel kommt die große nukleare Verwüstung. Die »Truppen aus dem Norden und dem

Westen« sind Europäer und wohl auch Amerikaner. Mit »Adlerländer« sind Völker gemeint, die einen Adler im Wappen tragen: Deutschland, Österreich, Rußland. Der »heilige Ort« ist entweder Jerusalem oder Rom:

Inzwischen entsteht eine so große Seuche, daß von drei Teilen der Welt mehr als zwei dahinsiechen. Das wird so schlimm, daß man nicht mehr erkennen kann, was zu den Feldern und was zu den Häusern gehört. In den Straßen der Städte wächst das Gras kniehoch. Über den Klerus bricht die totale Verzweiflung herein. Die Soldaten terrorisieren die Menschen, die aus der Sonnenstadt (Paris), von Malta und von den Hyèren-Inseln geflohen sind. Die große Kette vor dem Hafen, der seine Überlegenheit dem Seestier verdankt (Marseille), wird gelöst. Es kommt zu einer erneuten Invasion von der Küste her. Man versucht Castulon (Ort in Südspanien) zu befreien, das von den Mohammedanern eingenommen wurde. Diese Angriffe werden nicht erfolglos sein. Der Ort, der einst von Abraham bewohnt wurde, wird erstürmt von Anhängern der Jovialisten (Chiren). Und die Stadt Achem (Sichem/Israel) wird eingeschlossen und von allen Seiten von mächtigen Truppenverbänden bestürmt. Ihre Seestreitkräfte werden von Westmächten geschwächt.

Über dieses Reich (Israel) kommt eine große Verwüstung. Die größten Städte werden entvölkert. Wer versucht, sie zu betreten, wird von der Rache und vom Zorn Gottes gepackt. Und das Grab der großen Verehrung wird lange Zeit offen unter dem unbegrenzten Blick der Augen des Himmels, der Sonne und des

Mondes liegen. Der heilige Ort wird in einen Stall für Groß- und Kleinvieh verwandelt und für profane Dinge verwendet werden. Oh, in welche beklagenswerte Bedrängnis geraten die schwangeren Frauen! Doch dann wird der größte Teil der Truppen des orientalischen Machthabers aufgeschreckt und von den Leuten aus dem Norden und dem Westen besiegt, getötet, geschlagen. Der Rest kann fliehen. Ihre Kinder, die in Vielweiberei gezeugt worden sind, werden eingesperrt. Dann wird sich die Prophezeiung des königlichen Propheten erfüllt haben: Er hört die Klagen der Gefangenen und befreit die Söhne der Getöteten. Welcher immense Druck lastet dann auf den Fürsten, Statthaltern der Königreiche, selbst derer, die im Meer und im Orient liegen! Ihre Sprachen sind in der großen Gemeinschaft vermischt: Latein mit Arabisch, dazu kommt noch Phönizisch. Alle orientalischen Herrscher werden davongejagt, besiegt, vernichtet, aber nicht etwa mit Hilfe der Truppen der Adlerländer.

Schon in der Nähe unseres Jahrhunderts sucht jeder dieser drei Verbündeten (Deutschland, Österreich, Rußland) Tod, Verlust und Hinterhalt für den anderen. Die Erneuerung des Triumvirats wird sieben Jahre dauern. In dieser Zeit verbreitet sich der Ruf dieser Partei um die ganze Welt. Das Opfer der heiligen, unbefleckten Eucharistie wird erhalten bleiben. Zwei Persönlichkeiten aus dem Norden bleiben dann siegreich über die Orientalen. Dabei entsteht so lautes Kriegsgeschrei, daß der ganze Orient in Angst vor diesen Brüdern zittern wird, die in Wahrheit gar keine Brüder aus einem Adlerland sind.

Darum, Sire, habe ich mit diesen Ausführungen die

Vorhersagen beinahe verwirrt. Wann das alles geschehen wird, das ergibt sich nicht·oder bestenfalls nur teilweise aus dem oben Dargelegten. Mit Hilfe astronomischer Berechnungen und auf anderem Weg, nicht zuletzt mit der Heiligen Schrift, die niemals irren kann, könnte ich, wenn ich nur wollte, für jeden Vierzeiler den genauen Zeitpunkt nennen. Doch das wäre für keinen angenehm, es sei denn, Eure Majestät würde mir die Vollmacht dazu geben, damit Verleumder keinen Grund mehr haben, über mich herzufallen.

An dieser Stelle unterbricht Nostradamus seine Prophezeiungen und kehrt noch einmal zurück zur Berechnung der Geschichte der Menschheit aufgrund der biblischen Angaben:

Auf jeden Fall komme ich, wenn ich die Jahre zähle, die seit der Erschaffung der Welt bis zur Geburt Noahs vergangen sind, auf 1506 Jahre. Von der Geburt Noahs an bis zur Fertigstellung der Arche und dem Eintreffen der weltweiten Sintflut sind 600 Jahre vergangen – ob Sonnenjahre oder Mondjahre oder beide gemischt zugrunde liegen, bleibt allerdings fraglich. Ich halte daran fest, daß die Heilige Schrift nach Sonnenjahren rechnet. Am Ende jener 600 Jahre stieg Noah in die Arche, um vor der Flut gerettet zu werden. Diese weltweite Überschwemmung dauerte ein Jahr und zwei Monate.
Vom Ende der Sintflut bis zur Geburt Abrahams vergingen 295 Jahre, von der Geburt Abrahams bis zur Geburt Isaaks 100 Jahre, von Isaak bis Jakob 60 Jahre. Von der Stunde, da er nach Ägypten ging, bis zu seiner Ausreise vergingen 130 Jahre. Vom Einzug

der Kinder Israels in Ägypten bis zu ihrem Auszug verflossen 430 Jahre. Und zwischen dem Exodus aus Ägypten und dem Bau des Tempels durch Salomon im vierten Jahr seiner Regierung lagen 480 Jahre. Seit dem Tempelbau bis zu Jesus Christus vergingen nach den Berechnungen der Autoren der Heiligen Schrift 490 Jahre. Mit denselben Berechnungen, gesammelt in den heiligen Schriften, komme ich also auf ungefähr 4173 Jahre.

Ankündigung
der Französischen Revolution

Nostradamus befaßt sich im folgenden Abschnitt mit dem 17. Jahrhundert. Das astrologische Datum, das er gibt, trifft zu für das Jahr 1606, von dem er sagt, es werde sich in diesem Jahr nichts Weltbewegendes ereignen – und doch wird es zum Jahr der großen Wende, weil Denker zur Welt kommen, deren Philosophie letztlich direkt zur Französischen Revolution hinführt. 1792, neben dem 11. August 1999 das einzige unverschlüsselt genannte Datum in den Prophezeiungen, ist ein Beweis für die einmaligen Fähigkeiten des Propheten: Tatsächlich haben Robespierre und seine Revolutionäre 1792 versucht, eine neue Zeitrechnung einzuführen und wieder mit der Zahl 1 zu beginnen:

In absehbarer Zeit wird sich folgende Konstellation finden: Saturn ist zwischen dem 7. April und dem 15. August rückläufig, Jupiter vom 14. Juli bis zum 7. Oktober, Mars vom 17. April bis zum 22. Juni, Ve-

nus vom 9. April bis zum 22. Mai, Merkur vom 3. bis zum 24. Februar und später vom 1. bis zum 24. Juni und vom 25. September bis zum 16. Oktober. Saturn befindet sich im Steinbock, Jupiter im Wassermann, Mars im Skorpion, Venus in den Fischen, Merkur jeweils einen Monat lang im Steinbock, im Wassermann und in den Fischen, der Mond im Wassermann, der Kopf des Drachen in der Waage, sein Schwanz im gegenüberliegenden Zeichen (Widder). Es folgt eine Konjunktion zwischen Jupiter und Merkur mit einem Quadrat-Aspekt von Mars und Merkur. Der Kopf des Drachen bildet eine Konjunktion mit Sonne und Jupiter. Das Jahr wird friedlich verlaufen, ohne Sonnenfinsternis. Es gibt auch sonst nichts Ungewöhnliches. Doch es wird zum Anfang dessen, was lange andauern soll.

Beginnend in diesem Jahr, setzt nämlich die schlimmste Verfolgung der Kirche ein, wie es sie nicht einmal in Afrika gegeben hat. Und sie wird andauern bis ins Jahr 1792. Dann wird man sich einbilden, man müßte eine neue Zeitrechnung einführen.

Italien wird zum Nationalstaat

Der nächste Abschnitt führt uns zu den Bemühungen Italiens, ein Nationalstaat zu werden, zum Glanz Venedigs und zu den Kämpfen mit den Türken:

Danach wird das römische Volk anfangen, sich aufzurichten, um einige dunkle Schatten zu verscheu-

chen. Es bekommt ein wenig von seinem früheren Glanz zurück, allerdings nicht ohne große Spaltungen und anhaltende Veränderungen. Später wird Venedig mit großer Macht und Stärke seine Flügel heben – und zwar so hoch, daß man kaum noch von der Kraft des antiken Roms sprechen wird. In dieser Zeit bilden große Segel aus Byzanz das Hindernis. Das Land hat sich mit Ligurien verbündet und wird tatkräftig unterstützt vom Norden. Nur zwei Kreter verweigern ihm die Treue. Die von den antiken Mars-Anhängern (Römern) erbauten Triumphbogen gehen gemeinsam in den Wogen Neptuns unter. In der Adria wird große Zwietracht entstehen. Das, was vereinigt wird, zerbricht gleich wieder. Zu einem einzigen Haus wird, was zuvor eine große Stadt gewesen war.

Napoleon wütet in Europa

Den Kaiser der Franzosen hat Nostradamus nicht gemocht. Er beschimpft ihn als Größenwahnsinnigen und als zweiten Antichristen, der nur Elend über die Menschen und die Kirche bringt. Napoleon hat den Papst in Rom gefangennehmen und nach Paris verschleppen lassen. Er hat auch ein neues Gesetzeswerk geschaffen:

Der Pompotan wird das Mesopotamien Europas (Rhonedelta) am 45. Breitengrad in Besitz nehmen und andere Gegenden beim 41., 42. und 37. Breitengrad.

In dieser Zeit und in den genannten Gegenden schleudert die teuflische Macht ihre ganzen feindlichen Kräfte gegen die Kirche Jesu Christi und dessen Gesetz. Der zweite Antichrist verfolgt die Kirche und ihren wahren Stellvertreter (Christus) mit Hilfe der zeitgenössischen Staatsgewalten. In ihrer Dummheit lassen sie sich von Zungen verführen, die mehr zerschneiden als jedes Schwert eines Irrsinnigen. Die erwähnte Herrschaft des Antichristen wird bis zum Tod des Mannes dauern, der um die Jahrhundertwende in der Stadt des Plancus (Lyon) geboren wurde. Ihm zur Seite steht der Erwählte von Modena, Bologna und Ferrara. Die Adria wird bis in die Nähe von Sizilien von den Liguriern beherrscht. Er wird am Berg Jupiters (Rom) vorbeiziehen. Der gallische Ogmium (Herkules) wird das Gesetz verkörpern. Er wird begleitet von einem riesigen Heer aus einem sehr fernen Land. Von da an und noch einige Zeit später wird wahllos das Blut der Unschuldigen durch die Übeltäter vergossen. Diese können ihr Ansehen sogar steigern.

Chiren, der wahre Europäer

Von Napoleon, der ganz Europa unter seine Herrschaft bringen wollte, springt Nostradamus wieder in unsere Tage, die den Franzosen an die Macht bringen sollen, dem es dann gelingt, das wahre Europa zu einigen. Bis es soweit ist, hat dieses Europa aber noch schwierige Jahre durchzustehen. Am Schluß dieses Vorwortes faßt Nostradamus noch einmal zusammen, was zu der großen Katastrophe um die Jahrtausendwende geführt hat. Er schildert den Kommunismus, Lenin, Stalin und deren Kirchenverfolgungen. Vom Ende des Zweiten Weltkriegs bis zum Tod Stalins im Jahre 1953 machten die Völker des Ostblocks schlimme Jahre durch. Für jene schwere Bedrängnis steht der Name des ungarischen Bischofs Kardinal Mindszenty. 1949, auf dem Höhepunkt der Kirchenverfolgungen, brach er unter dem Druck der Gehirnwäsche durch seine kommunistischen Henker zusammen.

Danach springt Nostradamus zu einer ähnlich gelagerten, aber noch schlimmeren Kirchenverfolgung, die vermutlich aus einem wiederbelebten Kommunismus entspringt, der sich mit dem Islam zusammentut. Dieses erneute Hochkommen des Kommunismus, gepaart mit faschistischen Kräften, müßte unmittelbar bevorstehen. Die beiden Ereignisse, der Faschismus und Kommunismus der Vergangenheit und Zukunft, sind so eng miteinander verbunden, daß es schwerfällt zu klären, wo das erste endet und das zweite beginnt:

Dann aber werden die großen Fluten die Erinnerungen an diese Ereignisse und Machenschaften hinwegspülen. Selbst das, was aufgeschrieben ist, geht verloren. Jener, der gegen die Nordländer ist, wird nach dem Willen Gottes Satan noch einmal bändigen. Unter den Menschen wird weltweit Friede geschlossen. Die Kirche Jesu Christi wird von aller Drangsal befreit, sosehr sich auch die Bewohner der Azoren bemühen werden, Galle in den Honig zu mischen mit ihrer pestartigen Verführungskunst.
Das alles wird um das 7. Jahrtausend (Jahr 2000) ge-

schehen. *Das Allerheiligste Jesu Christi wird von den Ungläubigen aus dem Norden nicht mehr mit Füßen getreten werden.*

Doch dann kommen einige Brandkatastrophen auf die Welt zu. Wie aus meinen Prophezeiungen hervorgeht, dreht sich der Lauf der Zeiten noch sehr viel länger.

In meinem Brief, den ich vor Jahren meinem Sohn Cäsar widmete, habe ich einige Punkte klar und offen dargelegt, ohne sie zu verschleiern. Hier aber, o Sire, sind mehrere große und wunderbare Ereignisse zusammengefaßt, die unsere Nachfahren erleben werden.

Meinen astrologischen Berechnungen zufolge, verglichen mit den Aussagen der Heiligen Schrift, hat die Verfolgung der Gläubigen ihren Ursprung in der Macht der Herrscher des Nordens (Rußland). *Sie verbünden sich mit dem Orient. Diese Verfolgung wird etwa elf Jahre dauern. Denn dann wird der erste der nordischen Machthaber fallen. Wenn seine Jahre vollendet sind, wird sein südlicher Nachbar* (Stalin, stammte aus Georgien) *hochkommen. Er wird die Kleriker drei Jahre lang noch schlimmer verfolgen. Das geschieht durch die Verführungskünste eines Ketzers, der die unumschränkte Macht über eine militante Kirche innehat. Das heilige Volk Gottes, das seine Gebote befolgt, und alle religiösen Orden werden hart verfolgt und heimgesucht, so daß überall das Blut der wahren Kirchentreuen schwimmt. Einer der schrecklichen zeitgenössischen Machthaber läßt sich von seinen Anhängern Loblieder singen, weil er mehr menschliches Blut der unschuldigen Christen vergossen hätte, als er Wein hätte trinken*

können. Derselbe Machthaber begeht unglaubliche
Schandtaten gegen die Kirche. Menschliches Blut
wird über öffentliche Straßen und durch Kirchen
fließen wie Wasser während eines Wolkenbruchs.
Vom Blut werden die naheliegenden Flüsse sich rot
färben. Andernorts wird ein Seekrieg das Meer röten.
In einem Bericht eines Regierungschefs an einen an-
deren wird es heißen: Durch die Kämpfe zur See ver-
färbt sich das Wasser rot.

Die Schrecken des Dritten Weltkrieges

Schließlich erfahren wir, daß die Kirchenverfolgungen
in direktem Zusammenhang mit dem bereits geschil-
derten Dritten Weltkrieg stehen. Er wird mit einem
Seekrieg beginnen – Atombomben werden zum Einsatz kommen, denn es entsteht die schreckliche »Seuche«. Das Papsttum wird wieder in einer neuen Kirche
eingesetzt. Von hier springt Nostradamus zum letzten
Krieg, in dem, in Übereinstimmung mit der Geheimen
Offenbarung des Nostradamus, Satan selbst als Antichrist auftritt:

Noch im selben Jahr und in den nachfolgenden wird
die schlimme Seuche ausbrechen. Durch den vorher-
gegangenen Hunger wird sie noch entsetzlicher. Die
Heimsuchung wird so groß sein, wie man sie noch nie
seit der Gründung der christlichen Kirche erlebt hat.
Sie breitet sich über alle lateinischen Gegenden aus
und gräbt ihre Spuren auch in spanische Gebiete.

Dann wird der dritte nordische Machthaber (in Rußland) *durch seinen Regierungschef die Klagen des
Volkes hören. Er wird eine riesige Armee aufstellen
und an den Zerstörungen seiner letzten und vorletz-
ten Vorgänger vorbeiziehen. Den größten Teil läßt er
in seinen früheren Zustand wiederherstellen. Und
der große Stellvertreter mit der »magna cappa« wird
wieder in sein Amt eingesetzt. Doch trostlos, von allen verlassen und umgekrempelt, wird die Sancta
sanctorum erneut durch die Heiden zerstört. Das
Alte und das Neue Testament werden verworfen
und verbrannt.*

*Danach wird der höllische Fürst selbst zum Antichri-
sten. Noch einmal, zum letzten Mal, werden alle
christlichen Reiche zittern – und mit ihnen die Ungläubigen –, 25 Jahre lang. Die Kriege und Schlachten sind noch entsetzlicher geworden. Orte, Städte,
Schlösser und alle anderen Gebäude gehen in Flammen auf, werden zu Ruinen, mit fürchterlicher Gewalt zerstört. Das Blut der geschändeten Jungfrauen,
Frauen und Witwen wird vergossen. Säuglinge
schleudert man gegen die Mauern der zerstörten Orte. Satan, der Höllenfürst, wird so viel Unheil anrichten, daß beinahe die ganze Welt vernichtet und verödet sein wird.*

*Vor diesen Ereignissen schreien irgendwelche unge-
wöhnlichen Vögel ihr »Hui, hui« durch die Luft. Nach
einiger Zeit sind sie wieder verschwunden.*

*Nachdem diese Zeit lange gedauert hat, wird sich fast
eine zweite Regierungsperiode des Saturn erneuert
haben. Es beginnt das Goldene Zeitalter: Gott der
Schöpfer hört vom Elend seines Volkes und sagt: Satan soll ergriffen, gebunden und in den tiefsten Ab-*

grund der Unterwelt gestürzt werden. Dann beginnt zwischen Gott und den Menschen ein universeller Friede. Etwa 1000 Jahre wird er halten. Die Kirche wird zur höchsten Machtentfaltung gelangen, bis sich dann alles wieder zum Bruch wendet.

Daß alle diese Visionen sehr genau mit der Heiligen Schrift und den sichtbaren himmlischen Dingen abgestimmt sind, das läßt sich erkennen an Saturn, Jupiter, Mars und an den übrigen Konstellationen. Noch vollständiger läßt es sich von einigen Vierzeilern ablesen. Ich habe sehr gewissenhaft gerechnet und eines mit dem anderen in Zusammenhang gebracht.

Ich sehe aber, o gnädigster König, daß das eine oder andere vor der Zensur Schwierigkeiten machen könnte. Das ist der Grund, warum ich meine Feder weglege und mich zur nächtlichen Ruhe zurückziehe. Noch vieles, o über alles mächtiger König, wird sich klar und logisch in Kürze ereignen. Doch alles in diesen Brief hineinschreiben, das wollen und können wir nicht. Um aber gewisse schreckliche Ereignisse besser verstehen zu können, sind ein paar Dinge andeutungsweise vorweggenommen. Denn so reich ist Deine Größe, Deine Menschenfreundlichkeit und Deine Frömmigkeit vor Gott, daß nur Du allein würdig bist, den Namen des mächtigsten, allerchristlichsten Königs zu tragen. Dir allein kommt die höchste Autorität auch in religiösen Fragen zu.

Nun erbitte ich von Ihnen, o überaus gütiger König, nur das eine: Sie möchten in Ihrer einzigartigen und weisen Menschenfreundlichkeit den Wunsch vernehmen, den mir mein Mut eingegeben hat, und das Ergebnis meines höchsten Eifers entgegennehmen. Es ist derselbe Eifer, mit dem ich Eurer Majestät gehor-

chen will, seitdem meine Augen Euren sonnenglei-
chen Glanz so nahe sehen durften, an den meine
Arbeit nicht im entferntesten heranreicht, was auch
gar nicht versucht werden soll.

Salon, 27. Juni 1558.
Verfaßt von Michel Nostradamus in Salon,
Provinz Petri

Nostradamus hat immer wieder recht behalten

Rückblick auf eingetroffene Prophezeiungen

Den ersten großen Erfolg mit seinen prophetischen Vorhersagen erlebte Michel Nostradamus schon im Jahre 1559, nur ein Jahr nach der Vollendung der Centurien.

Am 1. Juli feierte der Sohn von König Heinrich II. Hochzeit. Es war ein glanzvolles Fest, der König selbst war in ausgelassener, übermütiger Stimmung. Gegen Mittag, es soll sehr heiß gewesen sein, forderte der 40jährige den jungen Hauptmann seiner Leibgarde, Gabriel de Lorges, Comte de Montgomery, zum Wettkampf heraus.

Die beiden Reiter, schwer gepanzert, ritten zum dritten Mal mit gesenkten Lanzen gegeneinander. Da passierte es: Die Lanze des Gegners traf den König und zerbrach. Das gesplitterte Lanzenende schlug unglücklich durch das geschlossene Visier des Königs, drang in sein linkes Auge und kam beim Ohr wieder heraus. Zehn Tage lang rang der König unter unsäglichen Qualen mit dem Tod. Dann starb er am 10. Juli 1559.

In diesem Augenblick erinnerten sich die Königsfamilie und ganz Frankreich an die Prophezeiungen von

Nostradamus. Er hatte den König vor einem Turnier gewarnt. Im Vers 35 seiner ersten Centurie stand geschrieben – und das war schon rund zehn Jahre vor dem tragischen Unfall verfaßt worden:

Der junge Löwe überwindet den alten
im Turnier bei einem Einzelwettkampf.
Durch das goldene Gitter sticht er ihm die Augen
aus im dritten Waffengang. Er wird einen
grausamen Tod sterben.
(Centurie I/35)

Das war haargenau und in allen Details die Schilderung der tragischen Szene, die sich am 1. Juli 1559 bei der königlichen Hochzeit abgespielt hatte. Das »goldene Gitter« ist das Visier des goldgeschmückten Helms des Königs. Er wurde im dritten Durchgang tödlich getroffen. Der Comte de Montgomery war Engländer, mit dem Löwen im Wappen. Es stimmte alles.

Verständlicherweise verbreitete sich diese Sensation wie ein Lauffeuer durch ganz Frankreich: »Nostradamus hat es gewußt. Es gibt keinen Zweifel, diese Weissagung ist lange im voraus geschrieben worden.«

Jetzt versuchte jeder, an die Centurien heranzukommen, um selbst in diesem »Geschichtsbuch der Zukunft« zu schmökern. »Vielleicht steht da noch etwas Interessantes drin, das sich demnächst ereignen wird«, überlegten die einen. Die Leute vom Hof rissen sich noch begieriger um das Büchlein, das nicht größer als ein Gebetbuch war. Bestimmt hoffte der eine oder andere, sich selbst und das eigene Schicksal in einem Vers zu entdecken.

Bis heute hat sich an dieser Einstellung zu Nostradamus nicht viel geändert: Die Prophezeiungen sind eine unerschöpfliche Fundgrube für Sensationslüsterne. Für Leute, die gerne schon heute über das tratschen möchten, was erst morgen passiert, um anderen zumindest ein paar Schritte voraus zu sein. Und die Verse sind ja so wundervoll dunkel, daß der Phantasie kaum Grenzen gesteckt sind. Bei Nostradamus läßt sich so gut wie alles finden.

Aber genau das hat Michel Nostradamus zu verhindern versucht. Er wollte weder die Neugierde befriedigen noch ein Schreckensgemälde der Zukunft malen. Seine Absicht war schon eher, ein Geschichtsbuch der Zukunft zu schreiben – in der Hoffnung, die Menschheit könnte aus den Fehlern lernen, bevor sie begangen werden.

Aufstieg und Fall des Britischen Empires

Das Titelbild der berühmtesten Nostradamus-Ausgabe, im Jahre 1668, also etwa 100 Jahre nach der ersten Veröffentlichung der Centurien gedruckt, schmücken drei Voraussagen, die zu jener Zeit bereits eingetroffen waren und die wiederum viel Aufsehen in der ganzen damaligen Welt verursacht hatten: die Hinrichtung des englischen Königs Karl I. in London im Jahre 1649 durch Cromwell, der Brand von London im Jahre 1666 und die Pestkatastrophe von 1665. Kein Zweifel – die Herausgeber in Holland standen noch ganz unter dem Eindruck der schrecklichen Ereignisse in England und waren fasziniert von der Treffsicherheit, mit der Nostradamus das alles geschildert hatte:

Göttliches Unheil überkommt den großen
Prinzen,
kurz bevor er seine Frau heiratet.
Seine Macht und sein Ansehen schwinden
plötzlich.
Der Rat beschließt seinen Tod für den rasierten
Kopf.«
(Centurie I/88)

Die Schwierigkeiten für König Karl I. begannen tatsächlich schon um das Jahr 1625, als er heiratete und nicht bereit war, auf gewisse Privilegien zu verzichten. Die »roundheads« Cromwells zwangen das Parlament schließlich, den König gefangenzunehmen.

Im nachfolgenden Vers wird noch einmal der geschichtliche Hintergrund aufgezeigt, der mit zur Enthauptung des Königs beigetragen hat:

Gent und Brüssel marschieren gegen Antwerpen.
Der Senat von London verurteilt seinen König
zum Tode.
Salz und Wein bereiten Probleme,
weshalb im Königreich die Anarchie herrscht.
(Centurie IX/49)

In den Niederlanden tobte der Kampf gegen die spanische Herrschaft. Gent und Brüssel lagen im noch besetzten Südteil, Amsterdam im bereits freien Nordteil. Bei den Auseinandersetzungen kam es zu einer Überflutung von Amsterdam.

Salz und Wein, das ist der Hinweis auf den Handel, von dem England lebte und der durch die kriegerischen Auseinandersetzungen während der Herrschaft Karls I. nicht mehr funktionierte. Nicht zuletzt diese

Schwierigkeit wurde dem König angekreidet und führte zu seiner Hinrichtung, die nun im nachfolgenden Vers geschildert wird:

Die Festung an der Themse ist der Schauplatz
für Gefangenschaft und Tod des Königs.
Auf der Themse wird er im Hemd gesehen.
Ein Todgeweihter. Er wird danach in die Festung
gebracht.
(Centurie VIII/37)

Stichwortartig, im Stil eines Reporters schildert der Prophet die Szene. Das Schloß am Themse-Ufer ist Schloß Windsor. Cromwell hatte die Abgeordneten gezwungen, dort den König gefangenzuhalten, da dieser nicht bereit war, die Rechte und Vollmachten des Parlamentes anzuerkennen und auf königliche Vollmachten zu verzichten.

Als Karl I. am 30. Januar 1649 zur Enthauptung geführt wurde, mußte er, so berichteten Zeitgenossen, von einem Fenster aus über eine eigens errichtete Holzbrücke zum Schafott hinübersteigen, weil man dem König den schmählichen Spießrutenlauf durch die gaffende Menge ersparen wollte. Zum erstenmal sahen die Briten ihren König im Hemd, als er vor dem Scharfrichter Mantel und Jacke ausziehen mußte. Zum erstenmal und zum letztenmal in der englischen Geschichte wurde ein König hingerichtet, seiner Würde und absoluten Macht beraubt.

Dieser Augenblick war das Ende der absoluten Königsherrschaft in England und die Geburtsstunde der englischen Demokratie, des englischen Weltreiches, das fortan einen mächtigen Aufschwung erleben sollte.

Unter diese Szene von der Hinrichtung Karls I. setzten die Drucker der Nostradamus-Ausgabe das Bild vom Brand in London im Jahre 1666. Nostradamus hatte angekündigt, die Freveltat am König werde eine schlimme Strafe nach sich ziehen:

> *Das Blut des Gerechten wird zum Schicksal Londons.*
> *Durch 20 Blitze verbrennt die Stadt, wenn dreimal die Sechs steht.*
> *Die alte Dame stürzt aus ihrer hohen Position.*
> *Mehrere von derselben Religion werden getötet.«*
> (Centurie II/53)

Im Jahre 1666 – dreimal die Sechs! – ist London durch eine Brandkatastrophe fast vollständig zerstört worden. Auch die altehrwürdige Kathedrale St. Paul stürzte ein und begrub viele Gläubige, die in die Kirche geflüchtet waren. Nostradamus sieht in dieser ersten großen Katastrophe in London die gerechte Strafe für die Hinrichtung des Königs.

Er wußte aber auch von einer zweiten Katastrophe, die London heimsuchen würde:

> *Die große Pest wird von der Seestadt nicht weichen, bis der Tod des Gerechten Blutes gesühnt ist, das ohne Schuld von Übeltätern verdammt wurde.*
> *Von der großen Dame wurde aus Feigheit nicht protestiert.*
> (Centurie II/53)

Ein Jahr vor der großen Brandkatastrophe, im Jahre 1665, wütete in London eine schreckliche Pestepidemie, der 60 000 Menschen zum Opfer fielen. Die »große Dame« ist Frankreich, die nach Meinung des

Propheten dem gefangenen König hätte zu Hilfe kommen müssen.

Das Beispiel zeigt: Bei soviel Präzision in der Vorhersage geschichtlicher Ereignisse – mehr als 100 Jahre nach dem Tod des Propheten – kann man wirklich nicht mehr von Zufall sprechen, da sogar die Jahreszahl und das geschichtliche Umfeld stimmen.

Doch mag das Ereignis des Königsmordes auch noch so interessant sein: Nostradamus schilderte es nicht als Einzelgeschichte, um seine Treffsicherheit zu dokumentieren. Ihm geht es um sehr viel mehr. Er sieht in der Hinrichtung des Königs den großen historischen Wendepunkt für England und Europa. Das ist die typische Handschrift des Propheten des Abendlandes. Er wandert durch die Geschichte wie einer, der einen breiten Fluß durchquert und dabei von einem Stein zum nächsten hüpft.

Das Ereignis von 1649 wird verknüpft mit dem Aufstieg der Demokratie in England, mit der Begründung des britischen Weltreiches – und seinem Niedergang 300 Jahre später – sowie mit dem Beginn des Zweiten Weltkrieges:

Siebenmal wird man erleben, daß das britische Volk sich verändert –
innerhalb von 290 Jahren, seitdem es sich mit Blut befleckte.
Frankreich ist nicht gewappnet gegenüber dem deutschen Bollwerk.
Der Widder sorgt sich um seinen bastarner Pol.
(Centurie III/57)

Zählt man die 290 Jahre zu 1649 hinzu, gelangt man in das Jahr 1939. Bereits im Jahre 1921 ist dieser Vers von dem Berliner Nostradamus-Forscher C. Loog richtig gedeutet worden. Er schrieb damals in seinem Buch *Die Weissagungen des Nostradamus:* »Nostradamus will uns offenbar erzählen, daß 1939 mit der letzten und größten englischen Krise auch eine Krise für das wiederentstandene polnische Volk Hand in Hand geht.« Loog schlußfolgerte: 290 Jahre nach der Enthauptung des englischen Königs Karl I. wird der Zweite Weltkrieg ausbrechen.

Er hat recht behalten, den Hinweis des Nostradamus verstanden. Tatsächlich gibt es auch keine andere Erklärung für den Vers. Nur einmal haben die Engländer einen Königsmord begangen: im Jahre 1649. Kurz vor Ausbruch des Zweiten Weltkrieges, am 1. März 1939, gaben England und Frankreich dem polnischen Staat die Garantieerklärung, daß dessen Souveränität in jedem Fall geschützt würde. Am 25. August desselben Jahres, knapp eine Woche vor Kriegsausbruch, schloß England mit Polen zusätzlich einen Bündnisvertrag, der die Briten kurze Zeit später zwang, Deutschland den Krieg zu erklären. Damit ging Englands Vormachtstellung in der Welt endgültig zu Ende. Zum siebtenmal, so sagt der Prophet, macht der Staat einen grundsätzlichen Wandel durch. Und diese Veränderungen des Staatswesens kann man tatsächlich unschwer nachvollziehen.

Der erste war die Abschaffung der absoluten Monarchie durch Oliver Cromwell. Schon dessen Tod brachte ein »neues« England: Die Briten holten die Stuarts zurück, England wurde wieder Monarchie. Der König allerdings konnte nichts mehr ohne das Parlament und schon gar nichts gegen die Lords ausrichten.

Dritte Wandlung: Noch einmal verjagten die Engländer ihren König, aber diesmal geschah das auf unblutige Weise. Sie holten Wilhelm von Oranien, der vertrieb seinen Schwiegervater, damit waren die wenig beliebten katholischen Könige, die Stuarts, endgültig besiegt. Die »Glorreiche Revolution« hat England wiederum ein anderes Gesicht gegeben.

Die vierte Veränderung brachte der Kurfürst Ludwig von Hannover, der als König Georg I. nach England kam. Mit ihm begann die Zeit der großen Ministerpräsidenten: R. Walpole, W. Pitt der Ältere und W. Pitt der Jüngere. Sie führten England zur Großmacht, zum Commonwealth.

Fünfte Wandlung: Die Regierungszeit der Königin Viktoria, die ein ganzes Zeitalter prägte.

Die sechste Wandlung schließlich machte England durch, als es sich seinen »Erbfeind« Frankreich 1904 zum Freund und Bundesgenossen erwählte und sich damit gegen Deutschland wandte. Die siebte Wandlung stellte England im Ersten Weltkrieg an die Seite Frankreichs – gegen Deutschland.

Nachdem am 1. September 1939 die deutschen Truppen in Polen einmarschiert waren, blieb England wiederum keine andere Wahl. Es mußte Deutschland der bestehenden Verträge wegen ultimativ auffordern, seine Truppen aus Polen abzuziehen. Als das nicht geschah, war der Weltkrieg unvermeidlich geworden. Am 3. September 1939 begann er. An seinem Ende gab es nur noch zwei Supermächte: Amerika und Rußland.

In diesem Vers nun rügt Nostradamus sein Heimatland Frankreich. Am Tod des englischen Königs Karl I. war Frankreich nicht beteiligt gewesen. Doch am Ausbruch des Zweiten Weltkrieges mußte es mitschuldig werden, weil das Volk die Rüstung in Deutschland ver schlafen und einen Angriff durch seine lasche Einstellung geradezu provozieren mußte. Frankreich hatte dem deutschen Aufmarsch nichts entgegenzusetzen.

Nostradamus bezeichnet die Deutschen hier wie an vielen Stellen als »Widder«. Das war für die Astrologen des Mittelalters, die auch jedem Land und jedem Volk einen Stern zugeordnet hatten, selbstverständlich. Widder wird aber von Mars, dem Kriegsgott, regiert.

Nostradamus hat im Vers II/57 ziemlich deutlich gesagt, an welcher neuralgischen Stelle der Zweite Weltkrieg ausbrechen wird: Es geht um den »bastarner Pol«. Die Bastarner waren ein germanischer Stamm, der seinen Wohnsitz ursprünglich an der Weichsel hatte. Etwa 200 vor Christus wanderte dieser Stamm von der Weichsel hinunter zum Schwarzen Meer und ließ sich an der Donau nieder. Vermutlich waren die Bastarner die ersten Germanen, die die Völkerwanderung einleiteten.

Das Wort Pol (bei Nostradamus »pole«) hat eine Doppelbedeutung, ein reizvolles Spiel, dem sich der Seher nur selten versagen konnte. Pol, das bedeutet einmal, daß es um das nördlichste Gebiet des Landes an der Weichsel, also um Ostpreußen, um den berühmten »Korridor« geht. Zum anderen ist andeutungsweise das polnische Volk mit Namen genannt. Es war alles gesagt. Die Menschheit hätte in den 30er Jahren die fürchterliche Gefahr erkennen müssen. Man hätte Loog, den Nostradamus-Forscher, ernst nehmen müssen. So aber geschah nichts, das Verhängnis nahm seinen Lauf. Davon wird gleich noch einmal zu sprechen sein. Hitler und seine Gefolgsleute kannten Nostradamus und nahmen ihn ernst. Hitlers Gegner wachten zu spät auf. Ein verhängnisvoller Fehler.

Von der Französischen Revolution zu Khomeini

Eines darf man nie vergessen: Michel Nostradamus war ein Franzose, ein glühender Patriot und ein Monarchist bis ins Mark. Für ihn gab es keine schlimmeren Vorstellungen als diese beiden: Der »Pöbel« könnte sich gegen Macht und Ordnung erheben und gegen den König revoltieren, der das alles garantiert, und das französische Volk könnte seinen geschichtlichen Auftrag, der ihm von Gott auferlegt wurde, verfehlen.

So sind letztlich alle Prophezeiungen zu verstehen, vom ersten bis zum letzten Vers der Centurien.

In wenigstens 20 Versen, wenn nicht noch mehr, nimmt Nostradamus Bezug auf die Französische Revolution, wobei er sich den ganzen Abscheu vor den Untaten jener Zeit in markigen Ausdrücken von der Seele schreibt.

Den »Sonnenkönig« hatte er im Vers X/7 mit dem Titel Aemathion bezeichnet, das ist der Name eines griechischen Halbgottes, der im Götterreich morgens die Sonnentore öffnen mußte.

Aber er wollte diesen prächtigen Herrscher nicht nur loben, sondern gab zugleich zu verstehen, daß seine maßlosen Feldzüge und seine Prunksucht die Revolution letztlich verursachten.

Schon in den beiden Vorworten ist die Rede von der nahenden Revolution, den »schlimmen Ereignissen«, die es nötig erscheinen lassen, die Texte so weit zu verschlüsseln, daß sie von falscher Seite nicht verstanden werden können. Nostradamus nennt dort auch das Datum 1792 als Augenblick, in dem man glaubt, eine neue Zeitrechnung einführen zu müssen.

Die Revolution selbst schildert er in kurzen Szenen. Die Einleitung dazu:

Dann wird sich ein Bourbone als sehr gut
erweisen.
Er trägt den Stempel der Gerechtigkeit.
Aber er trägt auch das (verhaßte) Blut und den
Namen.
Deshalb wird er nach seiner Flucht
ungerechterweise zum Tode verurteilt.
(Centurie VII/44)

Ludwig XVI., der Enkel Ludwigs XIV., galt allgemein als sehr gutmütiger, liebenswerter Mensch, doch war er offensichtlich als König ebenso schwach. Das französische Volk, vor allem die unteren Schichten, sahen endlich den Augenblick gekommen, sich an den Bourbonen zu rächen. Der König sollte büßen, was Vater und Großvater dem Volk angetan hatten. Gegen ihn richtete sich die ganze Volkswut. Und so sah der Fluch aus:

Nachts kommen durch den Wald von Reims
zwei unglückliche Partner: Die Königin in Weiß,
der Mönchkönig in Grau, nach Varennes.
Der erwählte Karpetinger wird zum Auslöser für
Sturm, Feuer, Blut und Guillotine.
(Centurie IX/20)

Ludwig XVI. war kein Mann, der sich zu wehren verstand. Nach dem Sturm auf die Bastille und einigen Schwierigkeiten mit den Ständen versuchte er 1791 zusammen mit der Königin Marie Antoinette zu fliehen. In einem Wald bei Varennes wurde er von einer Patrouille erkannt und verhaftet. Nostradamus spricht im Zusammenhang mit der Königin von unschuldig und von einem Edelstein. Möglicherweise ist dies sogar ein Hinweis auf die berühmte Halsbandaffäre, die man Marie Antoinette angedichtet hat: Ein Liebhaber soll der Königin ein Diamanthalsband geschenkt haben, das dann aber nach England verschwand. Diese Geschichte hat der Königin, die sich äußerst lebenslustig gebärdete, sehr geschadet und das Volk zusätzlich gegen den Hof aufgebracht.

Dr. N. Alexander Centurio, der namhafteste deutsche Nostradamus-Forscher während des Zweiten Weltkrieges und kurz danach, fand in der französischen Zeitung *Gazette Nationale* vom 14. Juni 1791 eine Schilderung der königlichen Flucht, die beinahe wörtlich mit den Zeilen des Nostradamus übereinstimmt. »Die Flucht des Königspaares – ein Irrweg. Hätte der König den Weg nach Verdun eingeschlagen, statt nach Varennes zu fahren, dann wäre ihm die Flucht gelungen. Die Königin trug ein weißes Kleid, der König war in Grau gekleidet.«

Und die nächste Szene:

Wenn die große Königin einsehen muß, daß sie
verloren hat,
zeigt sie ein Übermaß an männlicher Tapferkeit.
Auf einem Pferd überquert sie den Fluß. Nackt.
Vom Schwert verfolgt, wird zugleich wüst der
Glaube beschimpft.
(Centurie I/86)

Die Hinrichtung der »verhaßten Österreicherin« war für Paris ein besonderes Schauspiel. Doch das sensationslüsterne Publikum erlebte keine wehklagende Frau, kein schreiendes, aufgelöstes Bündel, sondern eine unerwartet gefaßte, unerschütterte Königin. Zeitgenossen berichten, daß Marie Antoinette schon vor dem Tribunal große Unerschrockenheit gezeigt hätte. Als sie im berühmten zweirädrigen Karren, von einem Pferd gezogen, über die Seine zur Hinrichtungsstätte gebracht wurde, trug sie das Haupt erhoben, obwohl sie wie eine Verbrecherin in ein einfaches weißes Hemd gekleidet war. An der Guillotine angekommen, schritt sie rasch und wiederum aufrecht die Stufen empor, unbeeindruckt vom Gejohle der Menge.

In einem Abschiedsbrief, den sie ihrer Schwägerin Elisabeth vom Gefängnis aus schrieb, stehen auch hier nahezu dieselben Worte, die Nostradamus verwendet:

»Ich bin soeben zum Tode verurteilt worden, doch es ist kein schändlicher Tod. Ich muß nicht sterben, weil ich etwas angestellt habe, sondern weil ich deinem Bruder (dem König) nachfolgte. Unschuldig, genau wie er. Ich hoffe, ich werde dieselbe Fassung zeigen, wie er sie im letzten Augenblick fand.«

Als die Guillotine zuschlug, lästerten die Zuschauer aber nicht nur über König und Adel, sie setzten auch eine Dirne auf den Altar in der Kirche und erklärten Gott als durch die Vernunft ersetzt.

Der Revolution folgte Napoleon. Nostradamus hat ihn treffenderweise so angekündigt:

Er trägt einen so schlimmen Namen,
als hätten die drei Schwestern das Schicksal
benannt.
Er wird das große Volk mit Worten und Taten
verführen
und berühmter und angesehener werden als alle
anderen.
(Centurie I/76)

Das heißt doch, daß man ihn schon an seinem Namen hätte erkennen müssen. Napoleon – das klingt ganz ähnlich wie das Griechische »apollyon«. Und das heißt Verderber. Nostradamus meint: Wenn einer mit einem solchen Namen zur Pythia nach Delphi gekommen wäre, dann hätte diese keine Minute lang überlegen müssen, um sein Schicksal zu kennen. Der Seher skizziert auch zugleich das zwiespältige Gefühl, das diesem Kaiser entgegengebracht wird: höchste Verehrung, obwohl bis dahin keiner mehr Blut vergossen und mehr Leid verbreitet hat als dieser Mann.

Nostradamus schätzt ihn überhaupt nicht. Er nennt ihn den Herrscher, »der niemals rechtmäßig den Thron innehat«. Er schreibt:

Kein französischer König hat je einen solchen
Namen getragen.
Niemals hat es einen schlimmeren Donner
gegeben. –
Italien, Spanien und England werden zittern.
Der ausländischen Dame schenkt er großes
Interesse.
(Centurie IV/54)

Napoleon hat zuerst Italien und Spanien zugesetzt. Sein Hauptgegner aber war England. Die Tochter des österreichischen Kaisers, Luise, wollte er unbedingt heiraten, um sich damit beim alten europäischen Adel »hoffähig« zu machen und um einen Thronfolger zu bekommen, der dem ältesten Hochadel entstammte.

Wiederum eine sehr typische Stelle für Nostradamus. Der Seher möchte andeuten, daß die zweite Frau Napoleons aus Österreich kommt. Aber direkt, so daß es jeder verstehen kann, tut er es nicht. Statt dessen verwendet er ein Wort, das ganz ähnlich klingt und gleichzeitig stimmt – »estrange« (auswärtig). Heute sagen die Franzosen »étrange«.

Nostradamus spricht in weiteren Versen von dem Mann, der vom einfachen Soldaten zum Kaiser aufsteigt. Er nennt ihn nicht König, wie sonst üblich, wenn er, ganz allgemein, von Herrschern spricht, sondern er verwendet das Wort »Empire« (Kaiserherrschaft), eine Bezeichnung, die für das Zeitalter, für Stil und Mode zum Begriff wurde.

Vom einfachen Soldaten steigt er zum Kaiser auf.
Von der kurzen Kleidung gelangt er zur langen.
Tüchtig in der Kriegsführung ist er – und
grausam gegen die Kirche.
Er saugt die Priester aus wie der Schwamm das
Wasser.
(Centurie VIII/57)

Nostradamus macht auch in diesem Fall wie in allen anderen, die folgen, dem französischen Volk immer wieder den Vorwurf: Wie konnte das passieren? Warum habt ihr nicht aufgepaßt? Warum habt ihr nicht auf mich gehört?

Jeder der Verse ist letztlich eine Mahnung und ein Hinweis auf das, was kommen wird gegen Ende des 20. Jahrhunderts.

Einer der Schlüsselverse für unsere Tage ist ein besonders eklatantes Beispiel für seine »Kunst« und für die Uneinsichtigkeit der Menschen:

Regen, Hunger und Kriege nehmen in Persien
kein Ende.

Der Glaube wird fanatisch und verrät den
Herrscher (Schah).
Sein Ende nimmt von Frankreich seinen
Ausgang.
Geheime Vorzeichen für eine Schicksalsgöttin.
(Centurie I/70)

Auch diese Warnung ist nicht verstanden worden. Weder der Schah von Persien noch die Industrienationen, die voll auf ihn setzten, haben die Vorzeichen beachtet.

Mit allen Mitteln hatte der absolute Herrscher über den Iran, Schah Reza Pahlewi, versucht, die vielfältigen Probleme zu bewältigen, um im Handumdrehen aus dem armen, von Krisen geschüttelten Land einen modernen Staat zu machen. Doch er hat seine Möglichkeiten gründlich überschätzt – und vor allem einen Faktor: den Islam, die Tradition, die Ayatollahs.

Da die Reformen viel zu rasch in Angriff genommen wurden und der Segen nicht sofort spürbar war, gewannen die Religionsführer mehr und mehr Einfluß auf die persische Bevölkerung. Durch die moderne Lebensweise fühlten sich die Menschen entwurzelt und verunsichert, so daß sie sich enttäuscht wieder der Religion zuwandten, die auch früher schon Halt und Ordnung geboten hatte. Die Macht des islamischen Glaubens und der Religionsführer wuchs und war schließlich stärker als der Schah mit seiner supermodernen Armee.

Er mußte das Land verlassen und fühlte sich schändlich verraten von seinem undankbaren Volk. Der Iran aber wandte sich Khomeini zu, der – wie Nostradamus es richtig vorausgesagt hatte – aus dem Exil in Frankreich kam. In Paris hatte man ihm Gelegenheit gegeben, sich politisch zu betätigen und den Umsturz im Iran vorzubereiten. Die »islamische Revolution« ging von Frankreich aus.

Niemand hatte die Warnung des Propheten begriffen. Dadurch ist wieder einmal eine große Chance der Geschichte vertan und eine recht schwierige Situation heraufbeschworen worden.

Und wie wird es nun weitergehen? Das steht in einem weiteren Schlüsselvers. Er lautet:

Der Preis für den sabäischen Tropfen wird den
Höchststand nicht halten können.
Menschliche Körper werden nach dem Tod zu
Asche verbrannt.
Kriegsschiffe stiften Unruhe auf der Insel Pharos.
Dann wird auf Rhodos ein hartes
Schreckgespenst erscheinen.
(Centurie V/16)

Das ist ein Vers, den wir kurz vor der Jahrtausendwende im Auge behalten müssen, der die höchste Aufmerksamkeit der Regierungschefs finden müßte. Hier wird ein neuer Krieg angekündigt – mit recht genauen Daten, so unverständlich die Zeilen sich auch anhören mögen:

Sabäische Tropfen – so nannte man vor Jahrtausenden das Erdöl. Die Ägypter haben es von der Königin von Saba bezogen. Sie benötigten es zum Einbalsamieren ihrer Toten.

Nostradamus knüpft daran sofort einen Hinweis für unsere Zeit: Das Öl, das man früher zur Erhaltung toter Körper verwendet hat, wird zu der Zeit, die er anspricht, also in unseren Tagen, hauptsächlich als

Brennstoff verschwendet. Sogar – und das muß für ihn und sein Jahrhundert geradezu skandalös gewirkt haben –, sogar zum Einäschern der Toten wird man es verwenden. Nostradamus weiß, daß es neben dem Begräbnis im 20. Jahrhundert die Einäscherung geben wird – eine geradezu ungeheuerliche Vorstellung für einen Menschen des ausgehenden Mittelalters. Noch vor einer Generation hätte kaum ein Katholik es für möglich gehalten, daß Rom eines Tages nicht mehr auf der Erdbestattung bestehen würde – zumal die Feuerbestattung zum Symbol der Abkehr von der Kirche geworden war.

Mit dieser ersten Feststellung ist die Zeit also grob charakterisiert. Nun kommt aber ein noch viel deutlicherer Hinweis dazu: Das Erdöl wird eine ganz wichtige Rolle spielen – vor allem die Erdölteuerung. Wenn der Tag aber gekommen ist – und erste Anzeichen dazu sind längst vorhanden –, daß die Erdölpreise nicht mehr steigen, dann gilt es aufzumerken. Denn dann droht ein »Schreckgespenst«, und das heißt in der Sprache des Propheten Krieg. Ägypten ist ein Gefahrenpunkt. Pharos ist eine kleine Insel vor Alexandrien. Sie heißt heute Pharillon. Dort sollen die Kriegsschiffe auftauchen, warnt Nostradamus. Und wenn das der Fall sein wird, passiert etwas Schlimmes bei Rhodos. Die Mittelmeerinsel steht wohl ebenso stellvertretend für Griechenland wie Pharos für Ägypten.

Ein anderer Vers bestärkt diese Deutung:

Die Bewohner der Insel Rhodos werden um Hilfe rufen.
Durch die Nachlässigkeit ihrer Erben stehen sie alleine da.

Das Arabische Imperium wertet seinen Kurs auf.
Von den Westmächten wird die Angelegenheit
bereinigt.
(Centurie IV/39)

Wieder geht es um Rhodos, wieder sind vermutlich
Griechenland und die Türkei gemeint. Letztere ruft um
Hilfe, also um militärische Unterstützung, tut das aber
ganz offensichtlich vergebens. Die »Erben« der Griechen
sind die Europäer, von denen sich Griechen und Türken
im Stich gelassen fühlen. Wem werden die Westmächte
eine Abfuhr erteilen? Dem »Arabischen Imperium«? Mit
dem Golfkrieg und dem Einsatz der Alliierten gegen den
Irak zur Befreiung Kuwaits haben wir zum erstenmal erfahren, was von da unten auf uns zukommen könnte.
Wie hilflos die Europäer sind, das zeigt sich im scheußli-
chen Krieg im ehemaligen Jugoslawien.

Für »Westmächte« setzt Nostradamus übrigens die
altgriechische Bezeichnung »Hesperer«. So nannte
man im Griechenland des Sokrates die Länder, die im
äußersten Westen liegen, ursprünglich Italien, später
Spanien. Die Hesperiden waren in der griechischen
Mythologie Nymphen, die jenseits des Ozeans im Göt-
tergarten wohnten. In der Tat ein passender Begriff.

Eine andere Formulierung läßt aufhorchen: »Arabi-
sches Imperium«. Durch Jahrhunderte waren solche
Andeutungen eine arge Zumutung, ja ein Ärgernis für
jeden, der sich mit Nostradamus beschäftigte. Immer
wieder spricht er von den Arabern und warnt: Paßt
auf, sie werden kommen! Von keiner Seite droht dem
Abendland mehr Gefahr als vom Orient. Von den Ländern, die sich zum Islam bekennen, also von Persien
und Libyen. Das »Kamel« soll, wie wir gleich hören

werden, sogar aus Rhein und Donau trinken – ein Hinweis darauf, daß sich Menschen aus dem Orient in unserer Heimat zu Hause fühlen werden.

Es ist verständlicherweise immer wieder versucht worden, den Orient in den Osten umzudeuten. Man sagte: »Aus Persien kann nun wirklich keine Gefahr drohen. Also muß der Seher etwas anderes meinen. Zu seinen Lebzeiten war diese Gegend von den Mongolen beherrscht. Also kann mit dem Begriff Persien nur Rußland gemeint sein.« Andere vermuteten, Nostradamus hätte nur die Richtung angeben wollen und ganz allgemein die Russen und die Chinesen im Auge gehabt. Als ich dieses Buch, ursprünglich verfaßt 1977, erstmalig 1982 veröffentlichte, hielt man mich für verrückt und bezichtigte mich sogar, ein verkappter Kommunist zu sein – zumindest aber ein Hasser der Moslems.

Heute sind solche Verrenkungen und Verbiegungen nicht mehr nötig. Plötzlich hat alles, wider Erwarten, einen Sinn bekommen: Niemand kann den europäischen Völkern im Augenblick mehr Schaden zufügen als jene, die die Ölquellen besitzen.

Was Nostradamus wirklich gemeint hat, das geht aus einem interessanten Vers hervor, der ebenfalls schon vor Jahrzehnten annähernd richtig gedeutet wurde. Er heißt:

An den Grenzen der VAR verändern sich die Machtverhältnisse.
In der Nähe der Küste werden drei schöne Kinder geboren.
Wenn sie erwachsen sind, kommt der Untergang über das Volk.

*Die Länder wechseln ihre Regierung, aber sie
wachsen nicht mehr.*
(Centurie VIII/97)

VAR – das ist in diesem Vers mit großen Buchstaben
geschrieben. Es kann auch heißen UAR, denn U und V
waren im Mittelalter vielfach derselbe Buchstabe. In
den Schriften Nostradamus' werden sie beinahe beliebig verwendet.

UAR – das aber ist die »United Arabian Republic«.
Als Gamal Abdel Nasser 1954 in Ägypten zur Macht gekommen war, startete er den Versuch, einen arabischen Großstaat zu gründen. Er schloß sich – und das
sollte ein Anfang sein – mit Syrien zu einem Staaten-
bund zusammen. Der Jemen machte ebenfalls mit.
Nasser wurde der Präsident der »United Arabian Republic«. In Anlehnung an die USA bekam der Staat das
Kürzel: UAR.

Tatsächlich haben sämtliche Großmächte an den
Grenzen der UAR ihren bisherigen Status eingebüßt.
Im Mittelmeerraum und im Vorderen Orient haben
sich in unseren Tagen die Machtverhältnisse gründlich
verändert.

Das begann mit der militärischen Aktion am Suezkanal, als England und Frankreich versuchten, ihre
Besitzrechte mit Kanonendonner und Waffengewalt zu
klären. Der ägyptische Staatspräsident hatte sich im
Oktober 1956 den Suezkanal kurzerhand angeeignet
und die lästigen Besatzungstruppen aus dem Land geworfen. Zum letztenmal glaubten damals sogenannte
»Große«, sie könnten die Kleinen züchtigen, mit einer
Strafexpedition zur Räson rufen. Doch diese Zeiten
waren endgültig vorbei. Rußland drohte massiv, und

die Vereinigten Staaten mahnten ihre Freunde ebenso nachdrücklich zur Vernunft. England und Frankreich wurden zum Gespött der Welt. Ihre Vorherrschaft im Mittelmeerraum war für immer dahin. Die Aktienpakete vom Suezkanal besaßen keinerlei Wert mehr. Für das Britische Empire war die schwärzeste Stunde der Geschichte angebrochen. Premierminister Eden mußte zurücktreten.

Frankreich ging es nicht viel besser. Zwar kam zwei Jahre nach dem Debakel Charles de Gaulle zur Macht. Er gründete die 5. Republik und gab dem Land noch einmal eine neue Verfassung. Doch Nostradamus sagte voraus, daß auch dieser Versuch den Niedergang seines Volkes nicht würde aufhalten können. Mit den folgenden Worten beschwor er sein Volk:

Frankreich, sieh zu, daß du meine Worte beherzigst!
(Centurie III/24)

Auch die USA und die Sowjetunion haben im Mittelmeerraum und in den Auseinandersetzungen um Persien und Afghanistan ihr Gesicht verloren. Als die Perser die amerikanischen Bürger in der Botschaft von Teheran gefangennahmen und über ein Jahr lang festhielten, ohne daß die USA eine Möglichkeit sahen, mit Bitten oder Drohungen auch nur das geringste zu erreichen, da fühlte sich die ganze Nation zutiefst gedemütigt. Die Regierungschefs der bisher bestimmenden Nationen mußten einsehen, daß sich mit Flugzeugträgern und Atombombenarsenalen nicht mehr alles erreichen ließ. Es gibt eine neue Waffe, die empfindlicher treffen kann – die Energiequellen.

Schließlich hat die Sowjetunion durch den Ein-

marsch in Afghanistan einen deutlichen Dämpfer erfahren. Die ganze Welt empörte sich, und zwar sehr
massiv. Die Sowjetunion wurde zum erstenmal vor
dem Weltsicherheitsrat verurteilt, und viele Nationen
boykottierten die Olympischen Spiele von Moskau.

Adolf Hitler und der Fluch des Propheten

Bei einem Rückblick und beim Versuch, gegenwärtige
Ereignisse mit Hilfe der Prophezeiungen des Nostradamus zu erklären, darf eine besondere Epoche nicht
vergessen werden: Adolf Hitler und das Dritte Reich.
So wie die Geschichte Englands zuvor den Schlüssel
zum Datum des Kriegsausbruchs 1939 geliefert hat, so
wird dasselbe Datum von Deutschland und Frankreich
her in den Prophezeiungen des Nostradamus ange-
zeigt. Was hätte man retten können, wären in den 30er
Jahren folgende Verse verstanden worden:

> *Der Führer des dritten* (Reiches) *verübt*
> *Schlimmeres als seinerzeit Nero.*
> *Wieviel Blut tapferer Menschen läßt er vergießen!*
> *Er wird die Opfer-Öfen wieder aufbauen.*
> *Das »goldene Zeitalter« ist ein Todes-Zeitalter.*
> *Der neue Machthaber ist ein Skandal.*
> (Centurie IX/17)

Dieser Vers ist von vielen Nostradamus-Interpreten
auf die Französische Revolution gedeutet worden. Was
hier als »Führer des dritten Reiches« übersetzt wurde,
hieß dann: »Der dritte Stand wird zum ersten ...« Aber

mit den errichteten Öfen gab es große Erklärungsschwierigkeiten.

Der französische Nostradamus-Interpret Jean Charles de Fontbrune deutet die Vorhersage wohl richtig auf Hitler. Hitler wird bei Nostradamus wiederholt mit Nero oder Hadrian verglichen. Beide römischen Kaiser haben Juden und Christen verfolgt und scheußliche Mordtaten begangen. Hitler hat in der Tat die Tapferkeit vieler Soldaten mißbraucht. Und er hat das wohl Abscheulichste getan, was je ein Despot verübte und was man vergleichsweise nur in grauer heidnischer Vorzeit findet. Er hat die Gaskammern einrichten lassen und seine Feinde, die Juden, in eigens errichteten Öfen verbrennen lassen. Er sprach unentwegt vom »goldenen Zeitalter«, das mit ihm begonnen hätte. Es wurde eine Epoche des Todes.

Es gehört zur großen Tragik der 20er und 30er Jahre, daß nur eine Seite, und zwar die falsche, sich mit Nostradamus und seinen Prophezeiungen befaßte.

Es ist nachgewiesen, daß Adolf Hitler schon während seiner Münchner Zeit mit Nostradamus bekannt gemacht wurde. Einer seiner Gönner hat ihm Schriften über Nostradamus in die Hand gegeben, vor allem das Buch des Berliners Loog, und ihn auf Begriffe wie »Großdeutschland«, »der Führer Germaniens«, »das heilige Reich kommt nach Germanien«, das »Tausendjährige Reich« und ähnliche Vorhersagen des Nostradamus hingewiesen. In Hitlers Werk *Mein Kampf* wimmelt es von solchen Ausdrücken, die er von Nostradamus übernommen und auf sich umgemünzt haben dürfte.

Der Nostradamus-Forscher Dr. N. Alexander Centurio berichtet 1977 in seinem Buch *Nostradamus, pro-*

phetische Weltgeschichte: »Als ich in der Staatsbiblio-
thek Berlin im Jahre 1939 die einzige vorhandene
Ausgabe der Centurien, angeblich 1568 von Pierre Ri-
gaud in Lyon gedruckt, in die Hand bekam, bemerkte
der zuständige Bibliotheksrat: ›Eben ist dieses Buch
aus der Reichskanzlei zurückgekommen.‹ Ein Lesezei-
chen lag noch zwischen den Seiten 58 und 59, und
diese Prophezeiung war rot angestrichen.«

Der folgende Vers, den Hitler auf sich bezogen hat,
wird auch heute noch allgemein so gedeutet:

> *Am Rhein der norischen Berge wird ein Großer*
> *geboren werden aus dem Volk, das zu spät*
> *gekommen ist.*
> *Sarmatien und Pannonien wird er verteidigen.*
> *Man wird nicht wissen, was aus ihm geworden*
> *ist.*
> (Centurie III/58)

Der »Rhein der norischen Berge«, das ist der Inn. No-
rica war die römische Provinz in den Alpen mit dem
heutigen Salzburg als Hauptstadt. Hitler ist in Braunau
am Inn geboren worden.

Das Volk, das zu spät gekommen ist, das sind die
Österreicher, denen von den Preußen der Rang abgelaufen wurde, so daß sie die Führung Deutschlands ab-
treten mußten und trotz aller Versuche niemals den
Führungsanspruch in Europa verwirklichen konnten.
Denken wir daran, daß hier wieder das Herz des Franzosen spricht! Nostradamus hat die großen Auseinandersetzungen zwischen dem deutschen Kaiser Karl V.
und dem französischen König Franz I. um die Vorherrschaft in Europa selbst miterlebt.

Die ersten Ziele Hitlers waren die »Heimführung

Österreichs«, die Besetzung der Tschechoslowakei und deren Umbildung in ein Protektorat Böhmen und Mähren sowie der Versuch, das getrennte Ostpreußen mit dem Reich zu verbinden. Sarmatien ist ein alter Begriff für den Weichselraum, Pannonien für den Donauraum. Als die deutschen Truppen in Wien einzogen und mit großem Jubel begrüßt wurden, ahnte wohl in der Tat kaum einer, wie schrecklich das alles ausgehen würde. Nostradamus hat es gewußt.

Das Wort »groß« darf einen nicht verwundern. Nostradamus verwendet es sehr häufig – aber niemals in moralischer Wertung. Groß ist für ihn jeder, der es zu etwas gebracht hat, der Macht und Einfluß besitzt, und wäre es auch nur vorübergehend. In diesem Sinne war jeder Herrscher, auch Hitler, für ihn ein »Großer« im Sinne von »Machthaber«.

Vor allem der folgende Vers muß dem »Führer von Großdeutschland« mächtig gefallen haben:

Ein Kapitän von Großdeutschland wird kommen,
um vorgetäuschte Hilfe anzubieten.
Der König der Könige findet Hilfe aus Pannonien.
Sein Umsturz läßt Ströme von Blut fließen.
(Centurie IX/90)

Das »große Germanien« ist schon 1923 als »Großdeutschland« übersetzt worden. Dieser Begriff darf nicht als Prophezeiung gewertet werden – er ist eher, wie bei vielem, was Hitler tat, Wirklichkeit geworden, weil die bekannte Vorhersage zur Initialzündung wurde. Nostradamus war für die Nationalsozialisten fast so etwas wie ein »Rezeptbuch«, nach dem sie ihre Suppe kochten.

Die zweite Zeile des Verses ist schon interessanter:

Hitler trat tatsächlich auf als der Mann, der die Welt vor dem Kommunismus rettet und das Christentum vor der Gottlosigkeit in Schutz nimmt. Seine Sprüche von der »Vorsehung«, die ihn berufen habe, sowie die Konkordate, die er mit dem Vatikan schloß, weckten bei vielen Christen, speziell bei Kirchenfürsten, die Hoffnung, er würde Frieden und Ordnung schaffen, nicht zuletzt Religionsfreiheit garantieren.

Der König der Könige ist bei Nostradamus der Papst. Das katholische Österreich hat sich von Hitler sehr bereitwillig ins Reich heimholen lassen. Auf die leidenschaftlichen Appelle des österreichischen Bundeskanzlers Schuschnigg, der vor Hitler warnte, wollte kaum mehr einer hören. Selbst der Wiener Kardinal Innitzer hat sich von Hitler blenden und täuschen lassen. Als das endlich eingesehen wurde, war es zu spät. Das Blut floß in Strömen, wie sie die Welt zuvor nicht erlebt hatte. Beinahe unverständlich, daß niemand in der Kirche einen solchen Vers gekannt hat!

Aber auch Hitler selbst hätte gewarnt sein müssen:

Die Schriften des großen Propheten werden beschlagnahmt.
Sie geraten in die Hände des Tyrannen.
Seine Bemühungen zielen darauf ab, den Herrscher zu täuschen.
Seine Raubzüge werden ihn schnell um den Verstand bringen.
(Centurie II/36)

Dazu gehört eine ganze Geschichte: Im Herbst 1939, kurz nach dem Ausbruch des Krieges, weckte eines Nachts Magda Goebbels, die Frau des Propagandaministers, ihren Mann. Sie war in einem Buch über

Wahrsagerei auf einen Vers des Nostradamus gestoßen, der sie in helle Aufregung versetzte. Da stand es unmißverständlich, was die Machthaber des Dritten Reiches im Schilde führten:

Die Cimbern, verbündet mit ihren Nachbarn,
werden kommen, Frankreich bis zur spanischen
Grenze hin zu entvölkern ...
(Centurie III/8)

Cimbern und Teutonen, das waren zwei germanische Stämme, die um 100 vor Christus ihre Heimat an der Ostsee verließen und quer durch Europa Richtung Italien zogen. Dabei haben sie nachhaltigen Schrecken hinterlassen. Cimbern steht hier ohne Zweifel stellvertretend für die kriegerischen Deutschen. Da weder im Krieg 1870/71 noch im Ersten Weltkrieg Frankreich bis zu den Pyrenäen zerstört und »entvölkert« werden konnte, muß Nostradamus einen neuen Einmarsch deutscher Truppen in Frankreich angekündigt haben.

Den hatte Hitler 1939 ja auch längst geplant. Joseph Goebbels wußte ganz sicher davon und war von dem, was seine Frau gefunden hatte, nicht weniger beeindruckt als sie. Er witterte natürlich auch zugleich die große Chance, solche Prophezeiungen in der Propaganda auszuwerten. Es mußte die Soldaten vorwärtstreiben, wenn sie wußten, daß der Sieg schon feststand. Und Hitler und seine Macht wurden aufgewertet.

Goebbels ließ den Schweizer Astrologen und Nostradamus-Kenner Karl E. Krafft nach Berlin kommen, der Hitler schon vor dem Attentat im Münchner Bürgerbräu-Keller gewarnt hatte.

1940, als der Frankreich-Feldzug begann, war Nostradamus denn auch in aller Munde. Selbst in Amerika berichteten die Zeitungen groß über den alten Propheten. Er hat alles vorausgesagt:

Großdeutschland einverleiben wird er Brabant und Flandern, Gent, Brügge und Boulogne.
Der Mann des falschen Burgfriedens,
der große Führer aus Armenien läßt Wien und Köln bestürmen.
(Centurie V/94)

Die deutschen Truppen sind, wie angekündigt, über Holland und Belgien in Frankreich eingefallen. Der Freundschaftsvertrag, den Hitler zuvor mit Stalin geschlossen hatte, um den Rücken frei zu haben, ein »Burgfriede« im wahrsten Sinn des Wortes, war mehr als geheuchelt, wie wenig später mit dem Rußlandfeldzug deutlich wurde.

Die Verwirrung um Nostradamus war damals sehr groß. Der britische Geheimdienst soll sich dem Vernehmen nach ebenfalls auf den alten Propheten gestürzt und die riesige Summe von 80 000 Pfund ausgegeben haben, um die Propaganda von Joseph Goebbels zu widerlegen.

Mittlerweile hatte die Gestapo aber in Deutschland alle Nostradamus-Texte verboten. Die Begründung ist beinahe belustigend: »Wegen Vorwegnahme der Ereignisse.« Es sollte verhindert werden, daß die Gegner Einblick in die geheimsten Pläne Hitlers bekamen, indem sie die Verse des Propheten lasen, so meinte Himmler.

Nachdem auch noch ein Astrologe Rudolf Heß zum Flug nach England geraten hatte, wurden die namhaftesten Astrologen verhaftet und die Bücher von Nostradamus verbrannt.

Nur einer durfte in der Reichskanzlei bleiben: Karl E. Krafft. Alexander Centurio erklärt in seinem Buch, wie es dazu gekommen war. Es ging um die letzten Zeilen des bereits zitierten Verses V/94: »Der große Führer aus Armenien läßt Wien und Köln bestürmen.« Centurio schreibt: »Bereits im Jahre 1939 hatte der Schweizer Nostradamus-Forscher und Astrologe Krafft erkannt, daß der Führer von Armenien Stalin war. Er kam spontan zu Goebbels und wollte ihn warnen. Goebbels erkannte sofort, daß sich dieser Vers dazu eignete, das Glück zu korrigieren. Er überredete Krafft, statt der Formulierung d'Armenie einfach d'Arminie zu setzen. Er machte also aus einem Führer aus Armenien einen Führer des Arminiuslandes. (Arminius = Hermann der Cherusker) Und damit aus Stalin Hitler. Krafft ging leider darauf ein und erhielt eine Stellung als Referent im Propagandaministerium. Gleichzeitig wurde er zum astrologischen Berater Hitlers ernannt.«

Ein einziger Buchstabe ist geändert worden! Krafft hat er das Leben gekostet. Er wurde 1944 von der Gestapo wegen Sabotage verhaftet und starb in den letzten Tagen des Krieges in einem Konzentrationslager. Der Fluch des Propheten hat sich an ihm erfüllt:

Wer diese Verse liest, der möge sie reiflich prüfen.
Gottlose und Unwissende sollen sich nicht damit befassen.
Alle Astrologen, Toren, alle Barbaren sollen sich fernhalten.
Wer sich nicht daran hält, der sei nach heiligem Ritus verflucht.
(Centurie VI/100)

Unter den Habseligkeiten Kraffts fand sich ein Zettel mit dem Satz: »Hitler, auch dein Stern ist im Sinken.«

Der Sturz war von Nostradamus vorhergesagt: Stalin läßt Wien, die östlichste Großstadt des damaligen »Großdeutschen Reiches«, und Köln (zur Zeit des Nostradamus Neukölln = Berlin), stürmen. Der Krieg, lange Zeit im Ausland geführt, tobt zuletzt auf deutschem Boden.

In einem anderen Vers wird das noch deutlicher:

Im Krieg gelingt dem wenig geschätzten Großen
zuletzt doch noch das Wunder.
Wenn Hadrie sieht, daß alles verloren ist,
erschießt sich der Größenwahnsinnige beim
Festmahl.
(Centurie II/55)

Zwei Begriffe stehen hier zusammen, die Nostradamus nur für Hitler verwendet hat: Hadrie – und der Größenwahnsinnige. Es kann also kein Zweifel bestehen: Hier ist das Ende Hitlers gemeint.

Der Große, der wenig galt oder gar wenig wert war, zumindest aber gewaltig unterschätzt wurde, das ist wieder Stalin. Er schien am Ende, als die deutschen Truppen Stalingrad belagerten und vor Moskau standen. Aber dann wendete sich das Kriegsglück, und er vollbrachte doch noch das Wunder.

In den letzten Kriegstagen, als Adolf Hitler in seinem Bunker in Berlin hoffnungslos eingeschlossen war und einsehen mußte, daß alles verloren war, ließ er sich mit Eva Braun trauen. Nach dem Festmahl erschoß er sich und seine Frau.

Für den Selbstmord im Führerbunker schafft Nostradamus sogar ein neues Wort: »pongnale«. Die erste

Silbe dieses Wortes ist das »pong«, mit dem die Franzosen üblicherweise den Knall eines Schusses nachahmen. Aus der zweiten Silbe könnte man das deutsche Wort »Knall« heraushören. Das französische »poing«, mit dem »pongnale« noch am ehesten verwandt scheint, bezeichnet heute nicht nur die Faust, sondern auch eine Handfeuerwaffe. Genau damit hat sich Hitler aber umgebracht.

Das erbärmliche Ende: Hitlers Leiche und die von Eva Braun wurden auf dem Straßenpflaster mit Benzin übergossen und verbrannt. So wünschte es der Diktator. Nostradamus schildert die Szene ebenfalls:

Zwei auf dem Pflaster gegrillt.
(Centurie VII/65)

Auch für Hitler ließe sich bei Nostradamus eine Fülle weiterer Verse finden. Hier sind nur einige Beispiele angeführt.

Das Ende der Sowjetunion

Nach dem Zweiten Weltkrieg zitterte die Welt in großer Angst vor einem möglichen Atomkrieg zwischen den USA und der Sowjetunion. Wir erlebten den »kalten Krieg« mit dem Mauerbau in Berlin und dem Eisernen Vorhang, der Europa in den freien Westen und den kommunistischen Osten teilte. Die beiden Machtblöcke rüsteten in einem Wahnsinnswettlauf auf, bis so viele Nuklearwaffen vorhanden waren, daß unsere arme Erde damit gleich mehrfach hätte vernichtet und alles Leben hätte ausgerottet werden können.

Wir hätten uns sehr viel Angst ersparen können, hätten wir Nostradamus' Ankündigung gelesen:

> *Die Westmächte* (USA) *werden die Freiheit garantieren.*
> *Am Himmel und auf der Erde halten sie die Herrschaft aufrecht.*
> *Die asiatischen Mächte werden nicht eher zugrunde gehen, ehe nicht sieben dort an der Macht waren.*
> (Centurie IV/50)

Dieser Vers bedarf heute kaum noch einer Erklärung. Seit dem Zweiten Weltkrieg garantieren die USA Frieden und Freiheit des Westens. Die Berliner Luftbrücke 1948/1949 war nur ein Beispiel dafür. Die Sowjetunion, Amerikas großer Gegenspieler, erlebte sieben Machthaber: Lenin, Stalin, Chruschtschow, Breschnew, Andropow, Tschernenkow, Gorbatschow.

Tatsächlich wurde Gorbatschow, der Vater der Perestroika, der letzte Machthaber der Sowjetunion. Mit ihm wurde sie aufgelöst und zerfiel.

Das Ende der Sowjetunion hat Nostradamus noch präziser in seinem Vorwort an König Heinrich II. angekündigt. Dort schrieb er:

Es wird extreme Veränderungen (auf der Erde) geben, unter anderem durch das Überhandnehmen des neuen Babylon, der miserablen Tochter, gestärkt durch die Greuel des ersten Holocausts. Sie wird sich nicht länger als 73 Jahre und sieben Monate halten können ...

In der ersten Ausgabe dieses Buches habe ich fälschlich diesen Hinweis auf das »Arabische Imperium« gedeutet. Inzwischen haben wir erlebt, daß Nostradamus wieder einmal recht behalten hat. Er sagte den Zerfall der Sowjetunion fast auf den Tag genau voraus. Nimmt man die Oktoberrevolution 1917 als Beginn der Sowjetunion, zählt man die 73 Jahre und sieben Monate hinzu, kommt man genau ins Jahr 1991, in dem die Sowjetunion zu existieren aufhörte.

In einer Illustrierten-Serie (*Bild + Funk,* 1980) habe ich ganz richtig geschrieben: »Folgt man den verschlüsselten Angaben von Michel Nostradamus, dann wird um das Jahr 1990 der Bolschewismus in Rußland zu Ende sein. Das Riesenreich wird zerbrechen.« Es ist so gekommen.

Ebenfalls im Vorwort an König Heinrich II. schilderte Nostradamus dieses Ereignis auf andere Weise:

Die Landstriche, Dörfer, Städte, Gegenden und Provinzen, die die ersten Wege verlassen hatten, um sich zu befreien, sich dabei aber nur schlimmer gefangensetzten, werden sich insgeheim in noch tiefere Knechtschaft begeben. Nach dem völligen Verlust der Religion werden sie anfangen, sich loszuschlagen von der linken Partei, um zur rechten zurückzukehren. Sie werden das lange Zeit unterdrückte Heilige und die Heilige Schrift wieder in Ehren hochhalten ...

Das sind typische Nostradamus-Sätze: Um die Weite des Landes anzudeuten, zählt er Städte, Provinzen, Landstriche, Gegenden auf. Die Wegbereiter des Kommunismus hatten dem russischen Volk versprochen, sie würden endlich befreit vom niederdrückenden, beengenden Aberglauben, vom Gift der Religion. Durch diese Befreiung von der Illusion einer jenseitigen Glückseligkeit würden die Menschen endlich in die Lage versetzt, die Erde zum Paradies zu gestalten. Doch die sowjetische Diktatur schuf alles andere als ein Paradies. Die an sich so gläubigen Menschen sehnten sich zurück nach dem Glauben – und fanden ihn wieder. Interessant in diesem Zusammenhang sind zwei Begriffe, die Nostradamus verwendet, die es zu seiner Zeit aber ganz sicher nicht gegeben hat: »linke Partei« und »rechte«.

Allerdings, wie wir noch sehen werden, ist der Kommunismus noch längst nicht besiegt. Es wird zum Rückfall kommen. Schon sehr bald.

Zum Abschluß des Rückblicks noch zwei Meisterleistungen, die zeigen sollen, daß der Seher auch in der Lage war, Namen unverschlüsselt zu nennen: In der Centurie IV/16 nennt er den spanischen Generalissimus Franco:

Aus der Festung wird Franco die Junta führen.
Dem Botschafter gefällt das nicht, es kommt zum
Bruch.
Die Anhänger Riveras halten zu ihm.
Dem großen Unheil verwehren sie den Eintritt.
(Centurie IV/16)

In Burgos im spanischen Kastilien haben Franco und andere Offiziere die Junta gegründet. Nostradamus verwendet, um Ort und Land in einem Atemzug zu bezeichnen, das Wort »castel«. Kastilien ist das Land der Burgen.

Franco, zuerst auf die Kanarischen Inseln verbannt, war seiner Regierung ein Dorn im Auge. Seinetwegen spaltete sich dann das Land in zwei Gruppen, so daß es zum Bürgerkrieg (1936) kam. Während des Zweiten Weltkrieges weigerte sich Franco standhaft, in den Krieg einzutreten. Die deutschen Truppen durften nicht einmal durch Spanien zur Front fahren oder in den spanischen Häfen Treibstoff und Verpflegung aufnehmen.

Primo de Rivera (Nostradamus nennt ihn Ribiere, wobei b und v im Altfranzösischen austauschbar waren) ist mit seinen Truppen zu Franco gestoßen und sein Vertrauter geworden.

Auch Benito Mussolini wird genannt:

Wenn die Inschrift D. M. gefunden wird und man
ein altes Grab beim Licht der Lampe entdeckt,
werden Gesetz, König und das Recht des
Ulpianus auf eine harte Probe gestellt.
Bis die Fahne des Königs mit der des Duce
eingerollt wird.
(Centurie VIII/66)

D. M. – die Abkürzung für Duce Mussolini –, das war der große Auftritt von Mussolini. In den frühen 20er Jahren ließ er diese Initialen überall in Italien an die Hauswände schmieren.

1927, so deutet Alexander Centurio diesen Vers weiter, fand man das Grab des ägyptischen Pharaos Tutanchamun. Ziemlich genau zur selben Zeit entmachtete der Duce den italienischen König. Dieser wurde in den letzten Tagen des Zweiten Weltkrieges zwar noch einmal zurückgerufen, doch nach dem Krieg verschwanden in Italien beide Fahnen und Herrschaften gleichzeitig: Der Duce wurde ermordet, und König Emanuel mußte endgültig abdanken. Ulpianus war ein römischer Rechtsgelehrter, womit die Beziehung zu Italien hergestellt ist.

Sollten all diese Beispiele aus dem Zufall geboren sein? Glaubt jemand im Ernst, daß es solche Zufälle überhaupt gibt? Um es noch einmal ganz deutlich zu sagen: Dies sind nur wenige Beispiele, die beinahe beliebig erweitert werden könnten. Wieviel Elend, Not und Zerstörung hätten vermieden werden können, wenn der alte Prophet auch nur ein bißchen studiert und in Betracht gezogen worden wäre! Wenn man seine Mahnungen und Warnungen wenigstens als Möglichkeit zu anderen Überlegungen hinzugezogen hätte! Aber Nostradamus wußte es ja im voraus: Man wird nicht auf ihn hören.

Und wie wird es nun in der Zukunft sein?

Der Dritte Weltkrieg
steht vor der Tür – die Warnungen des Nostradamus

Wenn Nostradamus von jener Zeit spricht, auf die letztlich alles ausgerichtet ist, die Jahre um 2000, dann erwähnt er stets die doppelte »Revolution«: Krieg, Terror, Hunger und Seuchen unten auf der Erde – und kosmische Katastrophen am Himmel, die durch die Unvernunft der Menschen verschlimmert werden.

Sollten beide Katastrophen wirklich in naher Zukunft eintreten? Wenn der Seher recht behält – und er befindet sich mit der Festlegung auf die Zeit um die Jahrtausendwende in Übereinstimmung mit vielen anderen Propheten, Sehern, Hellsehern und Wahrsagern, neuerdings auch Wissenschaftlern –, dann kann man kaum daran zweifeln: Es ist soweit.

Er selbst gibt zwei sehr einleuchtende Erklärungen dafür, warum jetzt und nicht sehr viel später.

Die erste lautet folgendermaßen: In den rund 1000 Versen finden sich nur vier präzise Zeitangaben. Zwei von ihnen haben sich erfüllt, nämlich das Jahr 1605, der Beginn eines neuen Zeitalters, und das Jahr 1792 mit dem Versuch der Revolutionäre, eine neue Zeitrechnung einzuführen.

Zwei Daten liegen in der Zukunft. Das ist der Jüngste Tag im Jahre 3797 und dann das sehr genau fixierte Datum, der 11. August 1999. Dieser Tag ist für Nostradamus so etwas wie der ganz große Wendepunkt in der Geschichte der Menschheit. An diesem Tag wird die Welt nicht untergehen, wie manche momentan behaupten, die Nostradamus nicht kennen und völlig falsch interpretieren, sondern von diesem Augenblick an wendet sich alles zum Positiven. Der entsprechende Vers lautet:

Im siebten Monat im Jahre 1999 wird am
Himmel ein großer König des Schreckens
erscheinen.
Er wird den großen Herrscher von Angolmois
(Angoulême) *an die Macht bringen.*
Vor und nach einem Krieg wird er glücklich
regieren.
(Centurie X/72)

Nostradamus hat noch nach dem Julianischen Kalender gerechnet. Dieser ist erst 1582 von Papst Gregor korrigiert worden. Was für Nostradamus noch in den Juli fiel, ereignet sich nach unserem heutigen Kalender am 11. August 1999. An diesem Tag nähert sich der Erde kein todbringender Irrläufer aus dem Weltraum, der zur Kollision und zur Zerstörung der Erde führt, wie Charles Berlitz behauptet. Der »Schreckenskönig« am Himmel ist dem mittelalterlichen Sprachgebrauch nach eine Sonnenfinsternis. Tatsächlich hat Nostradamus dieses Datum mit großer Fertigkeit vorausberechnet.

Sonnenfinsternis – das bedeutet für die alten Astrologen stets die Ankündigung entscheidender, meistens schlimmer Ereignisse: Ein Herrscher stirbt, ein Land wird zerstört, eine Katastrophe naht.

Genau das ist auch hier gemeint. In Frankreich

kommt der bisherige Herrscher und mit ihm das ganze System zu Fall. Ein neuer, offenbar noch sehr junger Mann übernimmt die Macht. Und er wird Europa in eine neue Zukunft führen. Vorher allerdings – und nach ihm erneut – wird es Krieg geben. Zwischen diesen Kriegen wird er sehr glücklich und sehr lange regieren.

Angolmois, wie Nostradamus schreibt – häufig auf die Mongolei gedeutet mit der Ankündigung, die Herrschaft der Sowjetunion über Westeuropa beginne –, ist vermutlich die alte Königsstadt Angoulême in Westfrankreich. Dort war Louis Antoine de Bourbon zu Hause, ein Königssohn, der selbst zwar nie König wurde, der aber nach Napoleons Zwischenspiel im Jahre 1814 Ludwig XVIII. zum König ausrief, die alte Monarchie also wiederum begründen wollte. Angoulême führt noch heute eine Krone im Wappen. Nostradamus läßt diese Stadt wohl symbolisch für das königstreue Frankreich stehen, oder er will sogar andeuten, daß der Retter Europas altem französischem Adel entstammt.

Der 11. August 1999, so will uns der Seher also sagen, bedeutet nicht Untergang, sondern Hoffnung.

Die zweite Erklärung: Ankündigungen für die Zeit nach dem 11. August 1999 werden selten. Sie sind summarisch und zeichnen nur noch die große, allgemeine Entwicklungslinie, ohne weiterhin wie bisher ins Detail zu gehen. Als Grund für diese Besonderheit gibt der Prophet an, daß Weissagungen für das 21. Jahrhundert und später überflüssig seien, weil dann die Ungewißheit aufgehoben sein würde, womit er meint, die Menschen wären dann in der Lage, selbst in die Zukunft zu blicken.

Es gibt für den Menschen des ausgehenden 20. Jahrhunderts und des 2. Jahrtausends ein weiteres, sehr gewichtiges Argument, das die Prophezeiungen des Nostradamus ebenso wie alle anderen bedeutenden Voraussagen in unsere Tage verweist: Wenn ein Zusammenstoß der Erde mit einem anderen Himmelskörper angekündigt wird, nicht 1999, sondern wohl später, dann kann sich dieser allenfalls noch in den nächsten 50 Jahren ereignen. Danach werden die Menschen nämlich in der Lage sein, sich vor solchen Gefahren wirksam zu schützen. Die Pläne für solche Rettungsmaßnahmen liegen bereits fertig in den Schubladen der Wissenschaftler. In Kürze werden sie verwirklicht werden können.

Die prophezeiten Einzelheiten sehen nun folgendermaßen aus. Zunächst das, was sich auf der Erde abspielen soll.

Israel werden die Flügel gestutzt

Nostradamus läßt in seinem Vorwort an König Heinrich II. keinen Zweifel daran:

> *Es wird die dritte Überschwemmung mit*
> *Menschenblut ausgelöst ...*

Die beiden neuralgischen Punkte, an denen der Dritte Weltkrieg beginnen könnte, sind bereits erwähnt worden: Ägypten und die Türkei. Über sie, so kündigt der Seher an, wird der »Orient« losschlagen. Wir erleben in diesen Tagen die Terroraktionen radikaler Moslems, die Ägypten zwingen wollen, auf den Kurs der Schiiten des Iran einzuschwenken. Ägypten ist durch die Loslösung islamischer Staaten von der ehemaligen Sowjetunion die alte traditionelle Führungsrolle rund um das Schwarze Meer wieder zugefallen. Wir werden in Kürze erleben, daß sich die Türkei aus der Nato lösen und sich den islamischen Staaten anschließen wird.

Es gibt aber noch einen anderen, besonders kritischen Krisenherd:

Die unfruchtbare Synagoge, die keine Frucht hervorbringen kann,
wird zwischen den Ungläubigen Heimat finden.
Von Babylon werden der Tochter der Verfolgung,
die erbarmungswürdig und traurig ist, die Flügel gestutzt.
(Centurie VIII/96)

Als Nostradamus das niederschrieb, gab es seit nahezu 1500 Jahren keinen Staat Israel mehr, keinen Tempel in Jerusalem. Keine Heimat für das jüdische Volk, das in alle Welt zerstreut war.

Die Vorstellung, es könnte jemals wieder ein neues Israel im »Heiligen Land« gegründet werden, war geradezu absurd. Dort, wo früher die Juden gewohnt hatten, waren seit Jahrhunderten andere zu Hause.

Die Synagoge steht in diesem Vers für das jüdische Volk. Und Nostradamus sagt voraus, was tatsächlich Wahrheit geworden ist: Es gibt wieder einen jüdischen Nationalstaat. Mitten zwischen arabischen Staaten. Mit dieser Vorhersage steht er im Einklang mit alttestamentarischen Prophezeiungen, die er sehr wohl gekannt haben dürfte. Doch Nostradamus geht über jene Ankündigungen weit hinaus:

Babylon, damit sind in diesem Fall wohl die islamischen Völker gemeint – das »Arabische Imperium«, wie er das nennt. Die alte Stadt Babylon lag am Euphrat. Nostradamus benutzt den Begriff allerdings gerne für eine gottlos gewordene, nur auf Profit und Macht ausgerichtete Welt. So gesehen könnte er hiermit auch andeuten, daß Staaten wie die USA nicht länger geneigt sind, Israel zu unterstützen. Auf jeden Fall: Israel, so sieht Nostradamus voraus, wird schweren Zeiten entgegengehen. Man wird dem Staat »die Flügel abschneiden«, das heißt dem Volk seine Souveränität nehmen, so daß es zum Gefangenen im eigenen Lande wird. Anders läßt sich dieser bittere Vers wohl nicht deuten.

Nostradamus nennt Israel »unfruchtbar und ohne Nutzen«. Wörtlich heißt es: »steril und ohne Frucht«, also eine Unfruchtbarkeit in doppelter Hinsicht. Das bezieht sich ganz gewiß nicht auf das Land, sondern auf die Entfaltung des Volkes. Die erste, vielbewunderte Pionierzeit ist vorüber. Die Unterstützung von außen, die begeisterte Anerkennung dieser so tüchtigen, wehrhaften Menschen ist abgeflaut, das Volk selbst in sich zerstritten. Kaum einer der ehemaligen Freunde Israels wagt es noch, sich rückhaltlos zu diesem Volk zu bekennen – aus Rücksicht auf arabische Staaten, die das übelnehmen und den Ölhahn zudrehen könnten. Wieder einmal ist das unbequeme Judenvolk, das sich von Feinden umringt sieht, allein gelassen. Übersehen wir nicht die vorher erwähnten »Greuel des ersten Holocausts«. Erst der Zweite Weltkrieg mit den Vergasungen in den Konzentrationslagern hat uns begreiflich gemacht, was damit gemeint ist. Wenn Nostradamus aber vom ersten Holocaust spricht – wird es dann nicht noch einen zweiten geben?

In diesem Zusammenhang darf man eines nicht vergessen: Bei nahezu allen alttestamentarischen Propheten findet sich der Hinweis, die Endzeit werde nicht anbrechen, ehe es nicht wieder einen jüdischen Staat »im Lande der Väter« gebe. Rund 2000 Jahre lang brauchte man sich deshalb keine Gedanken über den Weltuntergang zu machen: Es gab keinen jüdischen Staat.

Seit dem 14. Mai 1948 ist das anders.

Ist dies das erste Anzeichen dafür, daß etwas Umwälzendes auf uns zukommen wird?

Wenn die Gründung des Staates Israel aber das Signal gewesen sein sollte: Aufgepaßt, jetzt ist eine Ära zu Ende gegangen, und jetzt kommt etwas ganz Neues – wenn das so ist, dann wird die Bedrängnis Israels, seine Unterwerfung durch die Araber zur Fanfare: Jetzt kommt das, was seit eh und je das Hauptthema aller Prophezeiungen gewesen ist – das eigentliche Anliegen des Nostradamus: die »Vollendung« der Zeit.

Die Nostradamus-Texte, die sich mit dem Schicksal Israels befassen, lassen kaum einen Zweifel an der Entwicklung. Zunächst skizziert der Seher sehr genau die momentane Situation:

Macht und Gesetz gedeihen unter Venus.
Saturn wird von Jupiter beherrscht.
Das Gesetz und die Herrschaft werden durch die
Sonne angehoben.
Die Saturn-Kinder müssen weiterhin mit dem
Schlimmsten rechnen.
(Centurie V/24)

Das sind keine astrologischen Zeitangaben, sondern Aussagen über die verschiedenen Volksgruppen: Venus führt den Islam zur Macht. Saturn, der Stern des Judentums, wird von Jupiter (USA) beherrscht und beschützt. Die Sonne führt das Christentum nach oben. Doch für Israel stehen die Zeichen schlecht.

Im Vorwort an König Heinrich II. heißt es dann:

Der Ort, der einstmals von Abraham bewohnt wurde, wird erstürmt von Anhängern der Jovialisten. Und jene Stadt Achem wird eingeschlossen und von allen Seiten von mächtigen Truppenverbänden bestürmt. Ihre Seestreitkräfte werden von den Westmächten geschwächt.
Über dieses Reich kommt eine große Verwüstung. Die größten Städte werden entvölkert. Wer versucht, sie zu betreten, wird von der Rache und vom Zorn Gottes gepackt ...

Abraham stammte aus Ur am Euphrat, eine Stadt, die genau an der heutigen Grenze zwischen dem Irak und Kuwait lag. Nostradamus spricht hier also nicht von Israel, denn dort war der Nomade Abraham nirgendwo zu Hause. Mit der Erstürmung der Heimat Abrahams könnte also sehr wohl der Golfkrieg gemeint sein, den wir ja erlebt haben. Allerdings wäre dieser Krieg dann nicht zu Ende, sondern würde erneut aufflammen. Denn die nachfolgenden Zeilen sprechen von einer Verwüstung, die auf einen Atomkrieg schließen läßt: Wer zu früh in die entvölkerten Städte zurückkehrt, wird von der Radioaktivität umgebracht oder zumindest schwer geschädigt.

Eine Stadt Achem gibt es nicht. Sollte Nostradamus damit aber Sichem gemeint haben, den ersten Aufenthaltsort Abrahams in Kanaan, dann hätten wir es doch mit Israel zu tun, dessen Städte durch einen Atoman-griff verwüstet werden. Auf alle Fälle scheint uns ein Krieg bevorzustehen, in den Israel massiv verwickelt wird. Ein Krieg, der seinen Ausgangspunkt nimmt von Irak oder Iran, den Ländern an Euphrat und Tigris.

Fall der Berliner Mauer – Krieg in Jugoslawien

Es gibt weitere Zeichen, die uns ans Herz gelegt wer-den und die wir beachten sollten:

> *Vor dem Konflikt wird die große Mauer fallen.*
> *Der Große stirbt – ein zu plötzlicher und*
> *beklagenswerter Tod.*
> *Die Flotte ist unvollständig. Die meisten Schiffe sind*
> *unterwegs.*
> *Vom Fluß des Blutes wird das Land getränkt.*
> (Centurie II/57)

Diese Voraussage ist vielfach auf das Attentat von Sa-rajevo gedeutet worden. Der »Große« wäre dann der österreichische Thronfolger Erzherzog Franz Ferdi-nand gewesen, dessen Ermordung den Ersten Welt-krieg auslöste. Damals war tatsächlich die Aufrüstung der deutschen Flotte noch nicht abgeschlossen.

In diesem Vers ist jedoch vom Einsturz oder Abriß einer großen Mauer die Rede. Einen solchen Mauerfall gab es 1914 nicht. Bei dem Begriff Mauer denkt man in unseren Tagen nicht nur in Deutschland automatisch an die Mauer in Berlin, die ja tatsächlich und sehr unerwartet beseitigt werden konnte. Damit müßten wir den Fall der Mauer wiederum als Alarmzeichen verstehen. Übersehen wir nicht, daß Nostradamus hier auch eine gewisse Verbindung und Gleichartigkeit von Ursache und Ort beim Ausbruch des Ersten und des Dritten Weltkriegs andeuten könnte: Sarajevo – Ermordung eines »Großen«!

Ein nächster Hinweis wäre nämlich die Ermordung eines »Großen«, also eines Präsidenten, eines Staatschefs oder gar des Papstes. In diesem Zusammenhang ist eine Vorhersage interessant, die darauf Bezug nehmen könnte:

Ein großer Herrscher gerät in die Hände eines
jungen Mannes.
Kurz nach Ostern wird er in der Verwirrung
ermordet.
Es kommt zu endlosen Verhaftungen, wenn der
Blitz besonders grell aufleuchtet.
Drei Brüder werden verwundet und sterben.
(Centurie IX/36)

Es gibt Prophezeiungen von anderer Seite, die den amerikanischen Präsidenten warnen, nach Jugoslawien zu reisen, weil er dort kurz nach Ostern ermordet werden würde. Der besonders grelle Blitz könnte wiederum eine Atomexplosion sein.

Auch Nostradamus warnt vor dem Krieg im ehemaligen Jugoslawien und deutet an, daß er nicht auf das Land und den Balkan begrenzt bleibt:

... In Dalmatien wird eine fremde Sprache
gesprochen.
Sie eilt dahin, die ganze Erde zu zerstören.
(Centurie II/84)

Und weiter:

*Milch, Blut und Frösche brechen aus Dalmatien
hervor.
Der Krieg ist da, die Seuche bei Balennes.
Ein lauter Schrei hallt durch die slawischen
Länder. Dann wird das Monster bei und in
Ravenna geboren.*
(Centurie II/32)

Und noch ein Hinweis:

*... Persien setzt sich in Marsch, in Mazedonien
einzufallen.*
(Centurie II/96)

Ist hier nicht skizziert, wie der Krieg in Jugoslawien weitergehen wird? Wir erfahren, daß eine »Seuche« aufkommt. Mit Balennes könnte der Ort Baleni an der rumänisch-ukrainischen Grenze gemeint sein. Von dort her käme der Schrecken, womit man beim Wort Seuche wieder an eine radioaktive Verstrahlung denken muß. Vorstellbar ist ein Angriff auf ein Atomkraftwerk oder ein GAU in einem Kernkraftwerk. Auch ein Atomangriff ist nicht ausgeschlossen. Der Hinweis: »Wenn der Blitz besonders grell aufleuchtet« deutet wiederum darauf hin. Auf jeden Fall sind slawische Völker beteiligt und betroffen. Der Krieg wird sich ausweiten. Nostradamus spricht von der Absicht, die ganze Erde zu zerstören. Und er weiß, daß der Iran in den Krieg eingreifen wird. Wir dürfen uns also nicht der falschen Hoffnung hingeben, der Konflikt ließe sich durch Friedensverhandlungen zwischen den feindlichen Volksgruppen begrenzen oder gar abstoppen.

Die erste Rakete kommt aus dem Osten

Und noch ein Hinweis, dem es an Deutlichkeit nicht fehlt:

Die Götter lassen die Menschen wissen,
daß sie die Urheber des großen Krieges sind.
Am Himmel sieht man Speere und Lanzen.
In Richtung linker Hand wird die größte
Bedrängnis entstehen.
(Centurie I/91)

Dieser Vers verrät die Fassungslosigkeit des Propheten. Er sieht etwas, das er sich überhaupt nicht erklären kann. Hoch am Himmel, weit über den Wolken, also nach seiner damaligen Vorstellung im Bereich der Ewigkeit, der Götter, schwirren »Lanzen« und »Speere« dahin.

Nostradamus konnte sich nicht vorstellen, daß so etwas von Menschenhand stammen könnte. Deshalb auch der Hinweis: Gott zeigt an, daß er selbst der Urheber dieses Konfliktes ist.

Bei den Waffen am Himmel handelt es sich offenbar um Raketen, um Kriegsflugzeuge, vielleicht sogar um Kampfsatelliten. Sie fliegen – und das ist keineswegs zufällig hier notiert, sondern das soll ein ernst zu nehmender Hinweis sein – von rechts nach links. Die ersten Atomraketen, so muß man schlußfolgern, fliegen von Osten nach Westen, denn auf jedem Atlas, auch auf dem Globus, ist der Osten rechts, der Westen links. Es gibt keine andere Deutung.

Damit sind wir aber wieder beim Osten, von dem uns Gefahr droht.

Wir erleben in diesen Tagen, daß sich die alten

Kommunisten keineswegs endgültig geschlagen geben wollen. Sie versuchen, das Rad der Geschichte zurückzudrehen. Und das scheint ihnen – nach Aussage von Nostradamus – auch zu gelingen. Zumindest vorübergehend. Bei allen Hinweisen, daß aus Rußland Hilfe für Europa kommen wird, warnt der Prophet jedoch sehr eindringlich, und zwar unmittelbar im Anschluß an die Passage, die von der Rückkehr der Russen zum christlichen Glauben und von der Wende zur »rechten Partei« spricht:

> *Nach dem großen Hund kommt der noch größere Bluthund. Er wird alles in Schutt und Asche legen. Selbst das, was vorher schon zerstört wurde ...*

Wir müssen also davon ausgehen, daß in Rußland ein neuer Diktator an die Macht kommt, der einen schrecklichen Krieg entfesselt, der wohl auch Atomwaffen zum Einsatz bringt.

Mit der Auflösung der Sowjetunion ist die Sicherheit auf unserer Erde ja nicht etwa größer geworden, sondern stärker gefährdet als jemals zuvor. Zu Breschnews Zeiten wußten wir die riesigen Waffenarsenale zumindest unter gewisser straffer Kontrolle. Heute gibt es eine ganze Reihe ehemaliger sowjetischer Staaten, die Atomwaffen besitzen. Und niemand kann mehr mit Gewißheit sagen, wer die Kontrolle darüber hat. Es gibt somit nicht mehr eine einzige Bedrohung, sondern viele. Manche dieser Nuklearmächte sind aber so arm und wirtschaftlich so schwach, daß sie nichts anderes zu Geld machen können als diese todbringenden Waffen. Besonders stark in Versuchung, diesen »Reichtum« anzuwenden, sind naturgemäß jene Länder, die sich zum mohammedanischen Glauben bekennen. Wenn ihre Brüder und Nachbarn im Süden sie um Hilfe bitten, werden sie sich den Wünschen, Atomwaffen zu liefern, kaum entziehen können. Glaube und Armut zwingen sie dazu.

Es könnte deshalb sehr schnell geschehen, daß solche Staaten im Verbund mit Iran oder Irak in den Jugoslawien-Konflikt eingreifen. Damit hätten wir aber den Dritten Weltkrieg. Auf diese Interpretation deutet auch ein weiterer Vers hin:

Man wird erleben,
wie das mohammedanische Gesetz zerfällt.
Doch es folgt ein anderes,
das noch verführerischer sein wird.
Die Länder am Dnjepr
werden ihm zuerst verfallen ...
(Centurie III/95)

Auch wenn man sich das vorerst nicht vorstellen kann – wir haben uns in den letzten Jahren so vieles nicht vorstellen können, was dann doch so kam wie vorhergesagt –, so muß man aus dieser Ankündigung ein Bündnis zwischen islamischen Staaten und Weißrußland und der Ukraine annehmen. Durch beide Länder fließt der Dnjepr. Ein Bündnis, das auf einer neuen Ideologie basiert.

Der Untergang von New York

Das würde aber bedeuten: Rußland oder einer der ehemals sowjetischen Staaten eröffnet den Krieg und versucht, den ersten vernichtenden Schlag zu führen. Und wohin zielt dieser Schlag?

Möglicherweise gibt der nächste Vers Antwort auf diese Frage. Da heißt es nämlich:

Erdbebenglut aus der Mitte der Erde
läßt die Umgebung der neuen Stadt erzittern.
Zwei große Blöcke führen einen langen Krieg.
Dann wird Arethusa einen neuen Fluß rot färben.
(Centurie I/87)

Unwillkürlich denkt man zunächst an eine Naturkatastrophe, an ein schweres Erdbeben oder an einen Vulkanausbruch, denn der Seher spricht vom »Feuer aus der Mitte der Erde«. Doch die nächsten Zeilen korrigieren: Es gibt einen langen Krieg zwischen zwei Blöcken. Was mit den Blöcken gemeint ist, das wissen wir seit dem letzten Weltkrieg. Es gibt den Ostblock und die westlichen Staaten.

Damit bekommt der Anfang des Verses aber eine neue Bedeutung.

Das, was sich in der »neuen Stadt« ereignen wird, ist nicht nur eine oberflächliche Katastrophe, ausgelöst durch Bomben oder Granateneinschläge, kein gewöhnliches Erdbeben, sondern etwas, das so schlimm wird, daß dabei die Gluten der Tiefe entfesselt werden. Nicht nur die Stadt selbst, sondern auch ihre Umgebung wird zum Beben gebracht.

Der Seher, der diese Katastrophen schaut, ist sprachlos vor der Abscheulichkeit des Schreckens.

Wir wissen heute: Hier wird auf ganz einfache Weise eine Atombombenexplosion geschildert, an der gemessen Hiroshima und Nagasaki Kleinigkeiten gewesen sein müssen. Die Explosion reißt die Erde auf, löst eine Naturkatastrophe aus, wie sie die Menschen noch nie erlebt haben.

Welche »neue Stadt« aber könnte gemeint sein? Alles deutet auf New York hin, die Stadt, die das Wort »neu« (new) im Namen trägt. So ist das auch von den meisten Nostradamus-Interpreten verstanden worden.

Der Seher gibt in diesem Vers noch einen Hinweis, der sich auf das Kunstwort »Arethusa« stützt.

Arethusa, so nannten die alten Griechen Quellen. Diesen Namen trug auch eine Nymphe, die auf der Insel Syrakus wohnte. Der Flußgott Alphos war in sie so unsterblich verliebt, daß er sie im Meer bis nach Sizilien verfolgte.

Daß Nostradamus ausgerechnet diesen Namen gewählt hat, zeigt erneut seine hohe Bildung und die Meisterschaft seiner Sprache. Wer im Mittelalter von einem Vulkan sprach, der dachte an den Vesuv bei Neapel oder an den Ätna auf Sizilien. Die sizilianische Nymphe steht also für den feurigen Fluß der Lavamassen, die aus der Mitte der Erde und aus der Tiefe des Meeres hervorbrechen werden.

Aber das ist nicht alles. Das Wort dient Nostradamus wiederum als doppelsinniger Begriff, ja als Wort, das zugleich drei Ereignisse anspricht. Das erste ist genannt: Die Zerstörungskraft ist so groß, daß Lavamassen die Oberfläche der Erde überfluten.

Das zweite und das dritte finden sich, sobald man das Wort Arethusa in seine beiden Bestandteile zerlegt: Areth – das ist hebräisch und heißt die Erde.

Übrig bleibt USA, die Kurzformel für die Vereinigten Staaten von Amerika, die Nostradamus natürlich noch nicht gekannt, wohl aber geschaut haben kann.

Mit anderen Worten will uns Nostradamus erklären, daß der Krieg der beiden Blöcke nicht begrenzt auf zwei Staaten ist, sondern daß es sich um einen erdumspannenden Krieg handelt. Die »neue Stadt«, die zerstört wird, liegt in den Vereinigten Staaten.

Diese Auslegung wird bestätigt durch einen weiteren Vers, der dieselbe Katastrophe beschreibt, aber etwas deutlicher wird:

Beim 45. Breitengrad wird der Himmel brennen.
Das Feuer nähert sich der großen neuen Stadt.
Plötzlich springt eine riesige, himmelhohe
Flamme hoch,
wenn man die Normannen auf die Probe stellen
will.
(Centurie VI/97)

In diesem Fall setzt Nostradamus zum Wort »neu« noch das Wort »groß« hinzu, doch wohl um anzudeuten, daß es sich nicht um irgendeine x-beliebige Stadt, sondern um eine namhafte, große Stadt handeln wird. Und er gibt zusätzlich an, wo sie zu finden ist: am 45. Breitengrad. New York liegt zwischen dem 40. und dem 45. Breitengrad. Das Feuer, das hier geschildert wird, müßte also nördlich der Stadt ausbrechen und dann auf die Stadt zu ziehen.

Die Schilderung zwingt wiederum das Bild eines Atomangriffs auf. Ein erster Bombeneinschlag wird von New York aus noch beobachtet. Der Himmel brennt. Während die Bevölkerung der Riesenstadt in Panik versucht, in den Süden zu fliehen, geht in der

Stadt selbst ein Atompilz hoch. Treffender, in so knappen Sätzen, könnte man eine so schreckliche Katastrophe kaum schildern.

Bleibt noch der Begriff »Normannen, die auf die Probe gestellt werden sollen«: Wenn Nostradamus von den Amerikanern spricht, die es zu seiner Zeit, wenige Jahrzehnte nach der Entdeckung des Kontinents, nur als Indianer gegeben hat, dann nennt er das Volk den »großen Neptun«, was soviel heißen soll wie große Seestreitmacht. England trägt als Inselvolk dieselbe Bezeichnung, aber ohne den Zusatz »groß«.

Manchmal spricht Nostradamus auch von den »Normannen« – und damit meint er zweifellos ebenfalls die Amerikaner –, als hätte er gewußt, daß bereits der Normanne von Grönland, Leif Erikson, den Kontinent entdeckt hat, Jahrhunderte vor Kolumbus.

In diesem Vers steckt wohl die Ankündigung, daß der erste Atombombenschlag gegen Amerika eine Art Warnschuß darstellen soll: Der Gegner will herausfinden, wie groß die Verteidigungsbereitschaft des amerikanischen Volkes ist.

Aber auch europäische Großstädte werden nicht verschont bleiben. Im Vorwort an König Heinrich II. stehen die fürchterlichen Sätze:

Inzwischen entsteht eine so große Seuche, daß von drei Teilen der Welt mehr als zwei dahinsiechen. Das wird so schlimm, daß man nicht mehr erkennen kann, was zu den Feldern und was zu den Häusern gehört. In den Straßen der Städte wächst das Gras kniehoch.
Über den Klerus bricht die totale Verzweiflung herein. Die Soldaten terrorisieren die Menschen, die aus der

Sonnenstadt (Paris), *von Malta und von den Hyèren-Inseln geflohen sind ...*

Grauenhaft! Zwei Drittel unserer Erde verseucht nach einer gewaltigen Atomkatastrophe. Die Menschen fliehen aus Paris, das offensichtlich direkt davon heimgesucht ist. Das bestätigen weitere Verse:

Durch Feuer, das vom Himmel fällt,
wird Paris nahezu verbrannt.
Die Urne bedroht auch noch Deukalion ...
Das geschieht, wenn die Sonne die Waage
verlassen hat.
(Centurie II/81)

Das Feuer, das die Cité = Paris heimsucht, fällt vom Himmel. Die todbringende Urne, es handelt sich wohl um eine Atomwaffe, bedroht selbst Deukalion, jenen Mann, der nach griechischer Mythologie die Sintflut überlebt hat. Die Katastrophe wird nach einem 22. Oktober stattfinden.

Nostradamus berichtet weiter:

Unbewohnt bleibt für lange Zeit das Land,
das von Seine und Marne umspült wird.
Auch an der Themse, ebenfalls kriegerisch,
sind die Wachen niedergestreckt,
die zurückschlagen wollten.
(Centurie VI/41)

Das könnte heißen, daß nicht nur Frankreichs Hauptstadt unbewohnbar geworden ist, sondern auch weite Landstriche rund um Paris. London, das einen Vergeltungsschlag durchführen wollte, ist ebenfalls schwer heimgesucht, vielleicht sogar zerstört worden. Und noch einmal eine Warnung an Paris:

Die große Cité (Paris) wird schwer verwüstet.
Von den Bewohnern wird nur ein einziger
überleben.
Die Mauern, die Menschen, Kirchen und
Jungfrauen werden geschändet.
Durch Schwert, Feuer, Seuche, Kanonen stirbt
das Volk.
(Centurie III/81)

Wie die Zerstörung von Paris vor sich geht, das erfahren wir in einem weiteren Vers:

Übrig bleiben wird das lebendige Feuer und der
schleichende Tod.
In den Kugeln steckt schreckliche Sprengkraft.
Von der Flotte aus wird nachts die Cité (Paris)
in Pulver verwandelt.
Die Stadt brennt, der Feind hat Glück.
(Centurie V/8)

Der Atomsprengkopf wird also von einem Schiff – vermutlich von einem U-Boot aus – nachts auf Paris abgefeuert. Das »lebendige Feuer« ist sicher ein Pseudonym für die Atomkraft, die nach der gewaltsamen Zerstörung den schleichenden Tod nach sich zieht.

Gleichzeitig erfahren wir, daß man in Paris nicht mehr leben und auch nicht regieren kann:

Die ganze Regierung läßt sich in Avignon nieder,
weil Paris zerstört ist ...
(Centurie III/93)

Wir lesen in den prophetischen Versen des Nostradamus im gleichen Atemzug von der Zerstörung Roms, von Florenz, Siena. Nostradamus läßt keinen Zweifel daran, daß hier ein furchtbarer Krieg im Gange ist. Wir haben es keineswegs nur mit einem Angriff auf die eine oder andere Stadt zu tun.

Es passiert um das Jahr 2000

Am Rande nur sei erwähnt, daß Johannes in der Apokalypse, Kapitel 16, ebenfalls vom »Auseinanderbrechen der großen Stadt« spricht, mit dem Hinweis, die Blitze, Donnerschläge, Beben wären so fürchterlich, wie es Menschen niemals zuvor erlebt hätten. Die Stadt berste in drei Teile.

Und Edgar Cayce (1877–1945), der zeitgenössische »schlafende Prophet« aus Kentucky, ein Medium, das viele tausend Menschen heilte, indem es in Trance deren Krankheiten und die passenden Medizinen dazu ermittelte, sagte ebenfalls den Untergang New Yorks voraus. Und zwar werde dies vor 1999 geschehen.

Die Zeitangabe findet sich bei Nostradamus einmal so:

Nach großem menschlichem Elend kommt ein noch größeres.
Der große Beweger erneuert die Jahrhunderte.
Regen, Blut, Milch, Hunger, Eisen und Pest.
Am Himmel sieht man Feuer in langen Funken dahineilen.
(Centurie II/46)

Sofort springt die Formulierung ins Auge: »Der große Beweger erneuert die Jahrhunderte.« Es heißt nicht etwa das Jahrhundert, somit kann also keine gewöhnliche Jahrhundertwende gemeint sein, sondern eine Jahrtausendwende – die Zeit um das Jahr 2000.

Mit dem Krieg verbunden sind ungewöhnliche Naturkatastrophen: ein Regen, der rot gefärbt ist wie Blut, ein anderer, der milchig vom Himmel fällt. Und wiederum »Feuer in langen Funken«. Es eilt am Himmel entlang. Dabei kann man wieder an Raketen und Kriegsflugzeuge denken, vielleicht sogar an Kampfsatelliten, die sich gegenseitig im Weltraum zerstören. Möglich wäre aber auch ein schrecklich-schönes Naturschauspiel, von dem später noch die Rede sein wird.

Mit dem eben überstandenen »menschlichen Elend« wäre der Zweite Weltkrieg gemeint und die zahllosen Kriege rund um die Erde, die momentan so viel Not und Elend verbreiten. Der Dritte Weltkrieg müßte um die Wende zum 3. Jahrtausend stattfinden.

Im Vorwort an seinen Sohn Cäsar stehen die Sätze:

Vom jetzigen Zeitpunkt an, in dem dies geschrieben wird (1555), wird die Welt vor Ablauf von 177 Jahren, drei Monaten und elf Tagen durch Pest, lange Hungersnot und Kriege, mehr noch durch Überschwemmungen (Revolutionen ...) mehrfach so dezimiert, es werden so wenig Menschen überleben, daß man kaum mehr einen finden wird, der sich um die Felder kümmert ... Nach allem, was man am sichtbaren Himmel ablesen kann, wird sich das wiederholen, wenn wir uns im 7. Jahrtausend befinden. Dann wird sich alles vollenden ...

Die Religionskriege in Frankreich, der 30jährige Krieg in ganz Europa, vor allem aber in Deutschland, Hunger und Pest haben im 17. Jahrhundert beinahe die Menschen in Mitteleuropa ausgerottet. Es ist so gekommen, wie es Nostradamus vorgezeichnet hatte.

Nun schlägt er aber einen Bogen direkt in unsere Tage. Er spricht vom 7. Jahrtausend, meint aber damit nicht das 7. Jahrtausend nach Christus, denn seinen Angaben zufolge kommt der Jüngste Tag ja im Jahre 3797. Er meint statt dessen das 7. Jahrtausend seit Erschaffung der Welt.

Bei solchen Zeitangaben richtet er sich streng nach der Bibel, in der man nachrechnen kann, daß 4000 Jahre vergangen waren, als Christus geboren wurde. Wir befinden uns demnach gegenwärtig im 6. Jahrtausend. Das 7. beginnt somit im Jahr 2000.

Auf dieses Datum kam Nostradamus durch die Berechnung der Sterne. Tatsächlich haben wir zur Zeit ganz ähnliche Konstellationen, wie sie kurz vor dem 30jährigen Krieg gegeben waren.

Der 20. August 1998

An anderer Stelle wird der Prophet mit seiner Zeitangabe deutlicher:

> *Der arabische Machthaber wird dann, wenn die*
> *Sonne, Mars und Venus im Sternkreiszeichen*
> *Löwe stehen, die Regierung der Kirche*
> *über das Meer hinweg beseitigen.*
> *Bei Persien stehen gut eine Million bereit,*
> *um mit Schlangen und Würmern*
> *in Byzanz und Ägypten einzufallen.*
> (Centurie V/25)

Nicht von Russen und Amerikanern, sondern, wie zu Beginn, von Arabern ist die Rede, die die Türkei und Ägypten angreifen. Ausgangspunkt der riesigen Armee ist Persien, die Region bei Euphrat und Tigris. Das Ziel des Angriffs heißt eindeutig: Beseitigung des Christentums. Und das Vorhaben scheint zu gelingen. Über das Meer hinweg wird Europa, speziell Italien, angegriffen. Das dürfte der Augenblick sein, in dem die Russen Amerika von einer Einmischung abzuhalten versuchen, indem sie Atomwaffen einsetzen.

Die Formulierung »mit Schlangen und Würmern« lehnt sich an die Apokalypse des Johannes an. Dort ist ebenfalls ein Überfall aus dem Raum Euphrat/Tigris angekündigt. Löwenköpfige Pferde mit Schwänzen, die Schlangen gleichen, richten fürchterlichen Schaden an. So schreibt Johannes im 9. Kapitel.

Nostradamus verwendet in seiner Schilderung die Abkürzung »ver. serp.«. Seit der Deutung durch Centurio, »mit Schlangen und Würmern«, gilt diese Übersetzung als die treffendste. Man nimmt an, daß der Seher auf einen Krieg mit neuen, vielleicht biologischen und chemischen Waffen hinweisen wollte.

Auf jeden Fall scheint es sich um ein sehr wichtiges Datum zu handeln, denn Nostradamus gibt entgegen seiner sonstigen Gewohnheit eine berechenbare Zeitangabe: »... wenn Sonne, Mars und Venus im Sternkreiszeichen Löwe stehen«. Das ist ein astrologischer Begriff: Im Jahre 1942, also mitten im letzten Krieg, hat der englische Nostradamus-Forscher Lee McCann daraus den Beginn des Dritten Weltkrieges berechnet: 21. August 1987.

An diesem Tag standen Sonne, Venus und Mars im Sternzeichen Löwe. Glücklicherweise kam es damals nicht zum Ausbruch des Krieges. Wohl aber erlebten wir mit dem Massenmord in Mekka eine Schandtat, die sich bei der erneuten Konstellation 1989 wiederholte. Wir dürfen deshalb davon ausgehen, daß beide Ereignisse mit dem Ausbruch des Dritten Weltkrieges etwas zu tun haben.

Die Sonne befindet sich jeweils zwischen dem 23. Juli und dem 22. August im Sternzeichen Löwe. Wer in diesem Zeitraum Geburtstag hat, so sagt man, ist ein Löwe. Der Krieg müßte also in einem Juli oder August beginnen, wenn sich die genannten Konstellationen wiederholen. Und vermutlich entflammt er an einem ähnlichen Ereignis wie den Morden 1987 und 1989 in Mekka.

Mars und Venus treffen sich im Sternzeichen Löwe in diesem Jahrhundert nur noch einmal: zwischen dem 20. und dem 23. August 1998. Beginnt in diesen Tagen der Dritte Weltkrieg?

Wetterkatastrophen – Revolution – Krieg

Dazu noch ein paar Angaben über Art und Verlauf des Krieges. Was uns Nostradamus schildert, klingt sehr logisch und folgerichtig. Er zeichnet eine unaufhaltsame Entwicklung: Erst werden sich Wetter und Klima mehr und mehr verändern. Es kommt zu schlimmen Naturkatastrophen, zu Mißernten, schließlich zu einer völligen Vernichtung der Ernte vor allem in Südfrankreich und in Italien. Das gibt terroristischen Kräften, vermutlich rechtsgerichteten Gruppierungen, Auftrieb. Sie tun sich zusammen mit islamischen Kräften und gehen mit Gewalt gegen die Regierungen und gegen die Kirche an. Es entsteht ein entsetzliches Morden und Brandschatzen.

Nostradamus schildert das so. Zunächst eine Dürreperiode:

> *In der Campagna, in Siena, Florenz*
> *und der Toskana*
> *fällt sechs Monate und neun Tage lang*
> *kein Regen.*
> *In Dalmatien wird eine fremde Sprache*
> *gesprochen.*
> *Sie eilt dahin, die ganze Erde zu zerstören.*
> (Centurie II/84)

Den zweiten Teil des Verses kennen wir schon: Krieg im ehemaligen Jugoslawien.

Gleichzeitig, also offensichtlich für diese Tage, kündigt der Prophet eine Dürrekatastrophe in Norditalien an. Ihr folgt eine verheerende Flutkatastrophe in Süditalien:

> *In der Landschaft um Casilinum ereignet sich*
> *Schlimmes, daß man nur noch von Wasser*
> *bedeckte Felder sieht.*
> *Vorher und nachher wird es lange regnen.*
> *Außer den herausragenden Bäumen sieht man*
> *kein Grün mehr.*
> (Centurie II/32)

Casilinum ist eine antike Stadt, einst nördlich von Neapel gelegen. In dieser Gegend soll es also zu einer besonders schlimmen Überschwemmung kommen.

Doch auch Norditalien und Südfrankreich sind betroffen:

In der Campagna wird es endlos regnen,
in Apulien große Trockenheit herrschen.
Der Hahn wird den Adler mit untauglichen
Flügeln sehen.
Durch den Löwen wird er in äußerste Not
gebracht.
(Centurie III/52)

Das Wetter spielt offensichtlich verrückt. Jetzt regnet
es in Norditalien, während der Süden unter der
Trockenheit leidet. Und wieder die Verbindung mit politischen Ereignissen: Der Adler, wohl Deutschland, ist
flügellahm, der Hahn, Frankreich, kann sich auf ihn
nicht verlassen. Der Löwe, England, bringt Deutschland in höchste Bedrängnis.
Und:

Brücken und Mühlen werden im Dezember
einstürzen. So hoch steigt die Garonne. Mauern
und Gebäude werden in Toulouse eingerissen,
daß man ihr früheres Flußbett nicht mehr
erkennen kann.
(Centurie IX/37)

Und:

Wegen des Anschwellens von Ebro, Po, Tiber,
Rhone und der Seen von Genf und Arezzo
werden die beiden Chefs der Garonne-Städte
festgesetzt, umgebracht, ertränkt.
(Centurie III/12)

Die Aufzählung der Flüsse in Spanien, Italien, Frankreich und sogar der Seen in der Schweiz zeigt an,
daß es sich um eine riesige Überschwemmungskata-

strophe handeln wird. Da sich die Wut der betroffenen Menschen an den Bürgermeistern ausläßt, kann man vermuten, daß ein menschliches Verschulden vorliegt.

Rom scheint von der Flutkatastrophe besonders hart betroffen zu sein. Denn Nostradamus schreibt:

> *Durch die beiden Köpfe und die drei getrennten*
> *Arme wird die große Stadt*
> *mit Wasser überflutet.*
> *Einige der Großen entziehen sich*
> *(der Verantwortung),*
> *indem sie ins Exil gehen.*
> *Durch den persischen Kopf wird Byzanz hart*
> *bedrängt.*
> (Centurie V/86)

Köpfe und Arme, die Rom überfluten, sind wohl Flüsse und Ströme, durch die sich die Wassermassen heranwälzen. Wieder ist der direkte Bezug zur politischen Situation hergestellt: Die Perser versuchen gleichzeitig, die Türkei zu überfallen oder zumindest auf ihre Seite zu ziehen.

Und es wird sogar am Nordpol regnen, während das Mittelmeer und Flüsse in Südeuropa zu Eis erstarren. Das alles führt zu einer Hungerkatastrophe:

> *Eine riesige Hungersnot folgt der Pestwelle*
> *und dem langen Regen am Nordpol.*
> *Sematobryn und hundert Orte der Halbkugel*
> *leben ohne Gesetz, befreit von der Politik.*
> (Centurie VI/5)

Hier ist von einer grundlegenden Klimaveränderung die Rede, wie sie auch Wissenschaftler heute befürchten. Das Eis an den Polkappen taut ab, der Meeresspiegel steigt deutlich an. Davon sind vor allem die Küstenregionen betroffen.

Sematobryn ist eine alte Bezeichnung für die Region um Amiens, die nordfranzösische Stadt an der Somme. Die Klimakatastrophe und der Hunger führen zur Anarchie.

Und:

Die Rhone ist steifgefroren wie ein Kristall.
Schnee, gefärbtes Eis.
Tod! Tod! Sturm und Regen zerschlagen
das Dach.
(Présage 14)

Und:

Dort, wo die Baise in die Garonne fließt
und der Wald nicht weit von Damazan steht,
gefrieren die Marsaves.
Darauf folgen Hagel und Sturm.
Frost in der Dordogne, als hätte man sich
im Monat geirrt.
(Centurie VIII/35)

Die Dordogne ist ein Departement in Südwestfrankreich. Der Begriff »Marsaves« ist ungeklärt. Manche deuten ihn auf Weinstöcke, andere auf Salzseen. Der wichtigste Teil des Verses, der wieder auf eine Wetterkatastrophe in Südfrankreich hinweist, ist die Anmerkung: »... als hätte man sich im Monat geirrt«. Zum Kälteeinbruch kommt es also nicht im Winter, sondern in einer anderen Jahreszeit.

Von einer solchen Katastrophe spricht auch ein weiterer Vers:

Das Getreide wird nicht im geringsten
mehr ausreichen.
Der Tod kommt aus einem Schneefall,
weißer als weiß.
Unfruchtbarkeit. Verfaultes Korn. Wasserschwall.
Der Große ist verwundet.
Mehrere Tote liegen zu seinen Füßen.
(Présage 113)

Weißer als weiß – es handelt sich um einen tödlichen, vielleicht radioaktiv verseuchten Schnee, der offensichtlich dann fällt, wenn das Korn zur Reife ansetzt. Der Vers trägt den Titel September. Gleichzeitig greift der Terror um sich. Ein Staatschef oder auch der Papst wird verwundet, seine engsten Vertrauten werden getötet.

Ein weiterer Vers zu dieser Hungerkatastrophe, die der Wetterkatastrophe folgen wird:

Die große Hungerkatastrophe, die ich nahen fühle,
wird oft da und dort auftauchen,
schließlich weltweit geworden sein.
Sie wird so lange und so schlimm fortdauern,
daß man die Rinde von den Bäumen und Kinder
von der Mutterbrust reißen wird.
(Centurie I/67)

Diesen Vers braucht man wohl nicht zu interpretieren.

Kehren wir mit Nostradamus zurück nach Rom, wo der Terror besonders schlimm wüten wird:

Durch ein fremdes Volk und durch die Römer
selbst
wird ihre große Stadt nach der Flut in
große Verwirrung gestürzt.

Die Tochter ist ohne Hände. Die Zuständigkeiten
sind unklar.
Der Chef wird gefangen. Er hatte die Kette nicht
vorgelegt.
(Centurie II/54)

Mit Chef ist hier offensichtlich der Papst gemeint. Es
geht um Tumulte in Rom. Die Tochter ohne Hände ist
die handlungsunfähige Kirche. Der Papst wird gefan-
gengenommen. Seine Kardinäle und Mitarbeiter werden ermordet. Das »fremde Volk« dürften wieder außer-
europäische Kräfte sein.

Diese Szene wird noch einmal geschildert:

Um die große verwirrte Mütze wegzuschaffen,
um ein Flammenzeichen zu setzen,
marschieren die Roten los.
Vom Tod seiner Familie wird er fast überwältigt.
Die Roten morden rot die Roten.
(Centurie VIII/19)

»Grand Cappa« ist eine wörtliche Übersetzung der
Bezeichnung »Cappa magna«, ein Kleidungsstück, das
dem Papst vorbehalten ist. Die Familie, die ermordet
wird, ist die päpstliche Familie, so bezeichnet man
auch heute noch die römische Kurie. Die Roten sind
einmal die Kardinäle, die man zur Zeit des Nostradamus so genannt hat, zum anderen die Terrorgruppen,
die man hier aber wohl nicht einfach mit Kommunisten oder Sozialisten übersetzen darf. Es dürfte sich,
wie mehrfach dargelegt, um rechtsradikale Kräfte handeln, die in den Vatikan eindringen (marschieren!).
Der Papst wird vom Schmerz schier überwältigt, als er
das scheußliche Blutbad miterleben muß. Offensicht-

161

lich haben die Terrorgruppen vor, den Papst zu ermorden. Denn Nostradamus erzählt weiter:

> *Jener, der die Cappa magna trägt,*
> *muß einigen Exekutionen beiwohnen.*
> *Die zwölf Roten werden seinen Mantel im Mord*
> *beschmutzen.*
> *Dann löst ein Mord den anderen aus.*
> (Centurie IV/11)

Der Papst selbst soll also verurteilt, vielleicht sogar öffentlich hingerichtet werden. Wir erfahren keinen Zeitpunkt, aber wiederum ist die Rede von »Roten«, die den Anschlag planen und auch durchführen. Und zwar sollen zwölf Hintermänner beteiligt sein.

Diese Zahl ist deshalb interessant, weil sie bei der wohl bedeutendsten Seherin des 19. Jahrhunderts, bei der stigmatisierten Ordensfrau Anna Katharina Emmerich (1774–1824), ebenfalls auftaucht. Diese Frau, deren Visionen vom Dichter Clemens von Brentano dichterisch verarbeitet wurden, sah im Zusammenhang mit dem Untergang der Kirche zwölf Männer, die im Hintergrund wirken, gewissermaßen als die »Chefideologen« der neuen Bewegung. Sie schreibt wörtlich: »Unter den Volksmassen sah ich zwölf neue apostolisch tätige Männer, die ohne gegenseitige Verbindung durch Schriften wirken und von anderen bekämpft werden. Dann vergrößert sich die Partei der zwölf immer mehr. Nun sah ich aus der Stadt Gottes einen Blitzstrahl über den finsteren Abgrund fahren ...«

Man darf mit Sicherheit davon ausgehen, daß Anna Katharina Emmerich den Nostradamus nicht gekannt hat. Seine Schriften standen seit 1781 auf dem Index der verbotenen Bücher. Trotzdem verwendet sie dieselben Begriffe und Formulierungen wie Nostradamus. Bei ihr sind es zwölf Hintermänner, bei ihm auch. Er spricht von Parteien und Sekten, sie auch. Er setzt den ungewöhnlichen Ausdruck »apostolische Verfolgung«, sie tut es ebenso.

Die Kirchenverfolgung, die von Rom ausgeht, so erfahren wir bei Nostradamus, wird drei Jahre dauern. Der erste Anschlag auf den Papst scheint zu mißlingen, doch wenig später ist das Oberhaupt der katholischen Kirche verschwunden.

Niemand weiß, ob er entführt wurde, ob er fliehen konnte, ob er überhaupt noch am Leben oder bereits tot ist. Diese große Verwirrung unter den Gläubigen führt schließlich zum vorläufigen Ende der Kirche.

Der italienische Diktator
mit dem Krausbart

Das totale Chaos mit Mord und Totschlag bringt schließlich einen Diktator hervor. Nostradamus schildert diesen Mann in allen Einzelheiten: Er kommt aus Siena und ist überaus eitel, selbstgefällig, aber auch brutal. Er läßt seinen schwarzen Bart mit Dauerwellen lockig machen. Zuerst schafft er Ordnung im Land, indem er die Araber zurückdrängt und die Terroristen ausschaltet. Dann gründet er eine neue Religion. Seine Gewalttaten werden schließlich so schlimm, daß die europäischen Staaten, allen voran Deutschland, Frankreich und England, sich zusammenfinden, um ihm das Handwerk zu legen. Einer seiner Gegner wird »Broncebart« genannt, offensichtlich eine Anspielung auf Kaiser Rotbart – und somit ein Hinweis, daß ein deutscher Herrscher gemeint ist.

Der »schwarze Krausbart«, der italienische Diktator, wird schließlich von seinen eigenen Leuten ermordet, die seiner Gewaltherrschaft überdrüssig sind und den Glauben an ihn verloren haben. Hier nun zwei Verse, die sich auf »Diktator Krausbart« beziehen:

> *Der schwarze Krausbart wird mit Geschick*
> *das grausame und stolze Volk unterwerfen.*
> *Der große Chiren wird aus der Ferne*
> *alle durch das Mondbanner Gefangenen befreien.*
> (Centurie II/79)

»Das mit einer Maschine lockig gemachte Haar«, so heißt die Übersetzung wörtlich. Der Diktator kämpft wohl gegen islamische Kräfte, denn sie sind, wie aus anderen Versen hervorgeht, das »grausame und stolze Volk«. Doch nun taucht auch der große Heinrich (Chiren) auf. Die beiden, der französische Machthaber und der italienische Diktator, werden also zunächst zusammenarbeiten, um schließlich gegeneinander anzugehen:

> *Ihr Leute aus der Gegend von Tarn,*
> *des Lot und der Garonne:*
> *Hütet euch davor, die Apenninen zu überqueren!*
> *Eure Gräber werden bei Rom und bei Ancona*
> *liegen.*
> *Der mit dem schwarzen Krausbart*
> *wird dort sein Siegesbanner aufrichten.*
> (Centurie III/43)

Mit dem Aufzählen von drei Flüssen in Südwestfrankreich bezeichnet Nostradamus die Heimat der französischen Soldaten, die in Italien den Heldentod im Kampf gegen den italienischen Tyrannen sterben müssen. Zuerst jedenfalls scheint dieser Tyrann siegreich zu sein. Doch am Ende muß er unterliegen.

Über die Religion, die er als Staatsreligion einsetzt und die das Christentum ersetzen soll, teilt der Seher recht deutliche Einzelheiten mit:

> *Ohne Ende kann man emporgehobene Körper mit dem Auge wahrnehmen.*
> *Sie kommen, benommen zu machen, und haben eigene Gründe dafür:*
> *Die Körper werden als Hülle verstanden,*
> *ihre Chefs sind die Sinne.*
> *Sie verringern die heiligen Gebete.*
> (Centurie IV/25)

Das kommt uns doch sehr bekannt vor: Schon jetzt versuchen indische Gurus, ihre Anhänger mit Hilfe der »Transzendentalen Meditation« dahin zu bringen, daß die Schwerkraft durch den Geist aufgehoben wird. Asiatische Meditation, fernöstliche Glaubensvorstellungen und Yoga werden demnach den christlichen Glauben mehr und mehr verdrängen und ersetzen. Die Anhänger der neuen Religion lernen, wie man sich in die Höhe erheben und ohne jedes Hilfsmittel davonschweben kann. Bekanntlich haben manche Heilige im Mittelalter die Kunst der Levitation beherrscht, die auch Yogis in Indien beherrschen. Wir dürfen also davon ausgehen, daß der italienische Diktator ein Esoteriker ist. In einem prophetischen Vers des Nostradamus könnte angedeutet sein, daß sich der Diktator, um seine Macht zu demonstrieren, in die Lüfte erhebt, dabei abstürzt und im Anschluß daran ermordet wird.

Der große Chiren rettet Europa

Wir haben es bei den künftigen Wirren und Schrecken also mit zwei Angriffen zu tun. Der erste kommt von innen, wenn die Revolution zum schlimmen Terror anwächst. Das ist aber zugleich die Stunde, in der auch islamische Kräfte eingreifen und sich mit den Terroristen verbinden. Dabei wird das »Arabische Imperium« sich nicht darauf beschränken, industrielle Schlüsselpositionen durch Kauf in die Hand zu bekommen und in unserer Heimat Moscheen zu errichten – es wird zum schrecklichen Krieg kommen. Das geht aus folgenden Versen hervor:

Durch Zwietracht und Nachlässigkeit in
Frankreich wird dem Islam Zugang verschafft.
Land und Meer sind bei Siena mit Blut getränkt.
Der Hafen von Marseille ist mit Segeln und
Schiffen zugedeckt.
(Centurie I/18)

Das Mittelmeer wird das Zentrum der großen Auseinandersetzungen sein.

Für Marseille verwendet der Seher den alten Namen »Phocen«. Wieder doppeldeutig: Die Phozaeaner, ein Volk aus Kleinasien, haben ursprünglich die Stadt gegründet.

Es kann sich aber nicht nur um einen kleineren Überfall auf Marseille handeln. Denn Nostradamus spricht von einer totalen Zerstörung der gesamten ligurischen Küste:

Von Monaco bis nach Sizilien ist die ganze Küste
verwüstet.

Es gibt keine Siedlung, keine alten und keine
neuen Städte mehr, die von den Barbaren nicht
geplündert und ausgeraubt wären.
(Centurie II/4)

Und weiter:

In einem Fisch sind Waffen und Dokumente
versteckt. Ihm entsteigt der Mann, der den
Krieg entfesseln wird.
Im Meer wird seine gutausgerüstete Flotte
liegen
und dann bei Latium auftauchen.
(Centurie II/5)

Ist der Fisch ein U-Boot, das bei Mittelitalien auftaucht, um die Städte zu beschießen? Es hört sich
ganz so an. Auf jeden Fall ist bisher niemals die ge-
samte Küste zwischen der Côte d'Azur und Sizilien in
einem Krieg verwüstet worden. Auch die Landung
der Alliierten im Zweiten Weltkrieg fand nicht in der
Gegend von Rom statt. Folgen wir Nostradamus weiter:

Frankreich wird infolge seiner Nachlässigkeit
von fünf Seiten angegriffen.
Tunesien und Algerien werden von Persien mit
hineingezogen.
Leon, Sevilla und Barcelona sind gefallen.
Die italienische Flotte kann nicht mehr helfen.
(Centurie I/75)

Auch eine solche Situation hat es bislang nicht gegeben: ein Angriff auf Frankreich von fünf Seiten, wobei
auch Spanien attackiert wird. Der Hinweis auf Tune-

sien und Algerien, die von Persien bewogen werden, auf dessen Seite mitzumachen, verrät uns, daß die bislang so zerstrittenen arabischen Staaten sich in Kürze doch zusammenfinden werden, um Europa den Garaus zu machen.

Erwarten wir nicht, daß Mitteleuropa, Deutschland, die Schweiz, Österreich verschont bleiben werden:

> *Das heilige Reich wird nach Germanien kommen.*
> *Die Araber finden die Orte frei zugänglich.*
> *Die Esel wollen auch noch Karmanien.*
> *Wer Widerstand leistet, wird mit Erde bedeckt.*
> (Centurie X/31)

Wir erinnern uns, daß Hitler unter dem heiligen Reich in Germanien Großdeutschland verstanden hat. Er hätte weiterlesen sollen. Hier ist nicht die Rede von einer Vormachtstellung Deutschlands in Europa, sondern davon, daß der »heilige Krieg« auch nach Deutschland getragen wird. Der Islam wird bei uns heimisch.

Karmanien ist eine Landschaft im heutigen Iran. Der Esel steht symbolisch für die Länder, die ihn als Haustier halten, also in erster Linie die Balkanvölker. Hier wird wohl angedeutet, daß ein Zwist zwischen Persien und den Balkanländern (vielleicht den Ländern des ehemaligen Jugoslawien) entsteht.

Und:

> *Das große Kamel wird aus Donau und Rhein trinken.*
> *Und es wird es nicht bereuen.*
> *Es zittern die Leute an der Rhone und mehr noch jene an der Loire.*

Bei den Alpen wird der Hahn es (das Kamel)
erledigen.
(Centurie V/68)

Das »Kamel«, das sind die Völker, in deren Ländern
das Kamel zu Hause ist: also Nordafrikaner oder die
Bewohner des Orients, vielleicht auch Asiens. Man
könnte zunächst wieder annehmen, Nostradamus hätte vorausgesehen, daß immer mehr Türken, Araber
bei uns heimisch werden, wie das bislang ja schon der
Fall ist. Und das ist sicherlich auch so. Doch der Seher
läßt keinen Zweifel daran, daß es zu kriegerischen
Auseinandersetzungen in den Alpen kommen wird.

Der Hahn, also Frankreich, schafft Ordnung in einem Krieg.

Damit sind wir bei dem Mann, der die ganzen Auseinandersetzungen lösen und am 11. August 1999 an
die Macht kommen soll: Chiren.

Ihn stellt Nostradamus so vor:

Der plötzliche Tod der ranghöchsten Person
bringt den Wechsel und hebt eine andere an die
Macht.
Bald und doch sehr spät kommt er so hoch in so
jungen Jahren.
Zu Land und zu Meer wird er bewirken, daß
man ihn fürchtet.
(Centurie IV/14)

Das hört sich an, als würde der Präsident von Frankreich im Jahre 1999 Selbstmord begehen oder ermordet werden. Danach käme der starke Mann, den die
Sonnenfinsternis am 11. August ankündigt. »Bald und
doch sehr spät« – die Situation in Europa ist inzwi-

schen so zerfahren, daß es kaum mehr möglich scheint, noch etwas zu retten. Der neue Herrscher müßte in sehr jungen Jahren an die Macht gelangen. Aus den vielen, über zahlreiche Verse verstreuten Daten hat der Wiener Astrologe Dr. Wilhelm Kestranek als Geburtstag für den Retter des Abendlandes den 21. Januar 1981 errechnet. Als Geburtsort gibt er Le Mans oder die nähere Umgebung an. Im Jahre 1999 wäre Chiren also erst 18 Jahre alt. Es finden sich Andeutungen, daß er uraltem französischem Adel entstammt. Chiren wäre somit ein Wassermann, die Leitfigur des Wassermann-Zeitalters. Ein weltlicher Machthaber und zugleich Oberhaupt einer neuen Kirche:

*Zum Chef über die ganze Welt wird
der große Chiren.
Man wird ihn lieben, fürchten, achten.
Sein Ruf und sein Lob wird über die Himmel
erschallen.
Mit dem einzigen Titel wird er sich
zufriedengeben: Sieger!*
(Centurie VI/70)

Nostradamus skizziert noch einmal den Augenblick, in dem Chiren an die Macht kommt:

*20 Jahre der Herrschaft des Mondes sind vorbei,
wenn zu Beginn des 7. Jahrtausends ein anderer
die Herrschaft antritt,
wenn die Sonne ihre dunklen Tage hat.
Dann wird sich meine Prophezeiung erfüllen –
und überholen.*
(Centurie I/48)

Das ist einer der wichtigsten Verse für unsere Tage, eine doppelte Präzisierung: 20 Jahre nach der Übernahme der Macht im Iran durch Ayatollah Khomeini und dem Aufblühen des Islam (Mond) im Jahre 1979, also 1999, wird Chiren in Frankreich an die Macht kommen, zum Zeitpunkt der Sonnenfinsternis am 11. August 1999. Das 7. Jahrtausend ist bei Nostradamus, wie schon erwähnt, das 3. nachchristliche Jahrtausend.

Aus der Fülle der vielen Chiren-Verse nun noch zwei, die ihn besonders deutlich charakterisieren:

Geboren aus trojanischem Blut mit einem
deutschen Herzen, ist der, der zu so hoher
Macht gelangen wird.
Er wird das fremde arabische Volk davonjagen
und der Kirche die frühere hervorragende Rolle
zurückgeben.
(Centurie V/74)

Nach alter Sage entstammen die Könige Frankreichs ursprünglich dem alten Troja, das von den Griechen mit der List des Holzpferdes zerstört wurde. Aber offensichtlich besitzt der große Chiren auch deutsches Blut. Wieder sind seine beiden Aufgaben genannt: die Befreiung Europas und die Wiederherstellung der Kirche.

Im nächsten Vers wird sein Lebenswerk noch einmal so zusammengefaßt:

Der Islam-Besieger schafft Frieden in Italien.
Er vereinigt die Staaten und wird zum
christlichen Weltherrscher.
Wenn er stirbt, will er in Blois begraben werden,
nachdem er die Piraten vom Meer gefegt hat.
(Centurie IV/77)

Der Untergang von Rom

Das fürchterliche Ende: Rom wird so gründlich zerstört, daß kein Stein auf dem anderen bleibt:

Die große Stadt wird völlig verödet sein.
Von den Einwohnern wird keiner überleben.
Die Mauer, Geschlechter, Tempel und
Madonna vernichtet.
Durch Schwert, Feuer, Pest, Kanonen stirbt das
Volk.
(Centurie III/84)

Das deutet nicht auf eine Naturkatastrophe, sondern auf Krieg. Es ist die Rede vom Schwert und von Kanonen, von Feuer – und von einer Seuche, die in der Stadt ausbrechen wird.

Zweifellos wird hier ein Atomangriff geschildert. Es gibt so gut wie keinen Überlebenden. Alles, was Rom zur »Ewigen Stadt« gemacht hatte, wird weggewischt sein: die Mauer, die Kirche, die Kunstschätze, alles.

Man denkt an dieser Stelle an eine uralte Prophezeiung vom Untergang Roms durch Jeremias. Er schrieb: »Auf jedem Gesicht Verzweiflung, auf allen Köpfen Glatzen ...« (Jeremias, 7. Kapitel).

Wir wissen von den Menschen, die den Atombombenabwurf von Hiroshima zunächst überlebten und glaubten, der Hölle entronnen zu sein. Plötzlich schlug der Strahlentod doch noch zu: Die armen Leute verspürten große Übelkeit. Dann löste sich die Haut von ihren Körpern. Die Glieder schwollen dick an und verfärbten sich. Büschelweise fielen ihnen die Haare vom Kopf.

Gibt es einen Sieger?

Wir dürfen leider nicht hoffen, das zeigen solche grauenhaften Schilderungen, daß Europa vom nächsten, vernichtenden Schlag verschont bleibt, daß sich Amerika und Rußland vielleicht über unsere Köpfe hinweg befehden und vernichten. Losgehen wird es, so warnt Nostradamus, im Mittelmeerraum. Schlimm wird es vor allem dann, wenn die große Flut Italien so sehr unter Wasser setzt, »daß nicht einmal mehr die Baumspitzen herausschauen«.

Aber dann werden wohl auch schon die »Blöcke« gegeneinanderprallen.

Und wer wird gewinnen?

Nach dem Kampf und der Seeschlacht ist der große Neptun ganz oben.
Der rote Gegner wird vor Angst erbleichen, wobei er den Großen Ozean in Schrecken versetzt.
(Centurie III/1)

Das hört sich an, als würde der nächste Krieg auf dem Meer entschieden – vielleicht sind die Atom-U-Boote die Waffe, die letztlich den Ausschlag gibt.

Der »rote Gegner«, das steht in diesem Vers tatsächlich wortwörtlich so da, obwohl rot als Bezeichnung einer politischen Richtung oder Gesinnung vor 400 Jahren noch völlig unbekannt war.

Der Große Ozean ist wohl nicht der Stille, der größere der beiden Ozeane, sondern der Ozean ganz allgemein. Der »rote Gegner« wird beim Versuch, die amerikanischen Atom-U-Boote auszuschalten, das Meerwasser verseuchen, vielleicht sogar noch Schlimmeres anrichten.

Die Soldaten lassen den Leoparden stehen

Der Krieg wird aber nicht bis zum bitteren Ende und zur völligen Unbewohnbarkeit der Erde fortgesetzt, so erklärt uns Michel Nostradamus. Da passieren nämlich nun Dinge rund um die Erde, im Weltraum an den Sternen, an der Sonne, daß die Menschen zutiefst erschrecken, ihre Panzer stehenlassen und nach Hause eilen. So muß man zumindest folgende Weissagung deuten:

Wenn die Sonne im dritten Mond aufgeht,
Eber und Leoparden kämpfen miteinander
auf dem Schlachtfeld,
da läßt man den Leoparden stehen und blickt
zum Himmel:
Man sieht einen Adler um die Sonne tanzen.
(Centurie I/23)

Während einer Schlacht im Monat März sehen die Soldaten plötzlich, daß mit der Sonne etwas nicht stimmt.

Irgend etwas, das aussieht wie ein Adler, kreist um die Sonne, verdunkelt sie zeitweise, verschwindet und taucht erneut auf.

Dieses Naturschauspiel, so muß man annehmen, versetzt die Soldaten so sehr in Schrecken, daß sie weglaufen. Sie ahnen: Jetzt kommt noch Schlimmeres auf die Menschen zu, als es der Krieg bislang schon gewesen ist.

Das ist aber die andere Seite der Weissagung des Michel Nostradamus: Neben dem Durcheinander unten auf der Erde gibt es eine »Revolution«, folgenschwere Veränderungen am Himmel.

Die Sonne beginnt zu glühen – Drei Tage herrscht absolute Finsternis – Die Erde beginnt zu torkeln

Die kosmischen Katastrophen werden durch menschliche Unvernunft verschlimmert

Wenn von Michel Nostradamus gesprochen wird und davon, was die kommenden Jahre uns nach seinen Voraussagen bringen sollen, dann erschöpfen sich die meisten Interpretationen in der Darstellung des Dritten Weltkrieges, als wäre danach sowieso alles zu Ende.

Doch bei all den Schrecken, die in solchen Versen über feindliche Auseinandersetzungen und wahnsinnige Zerstörungen stecken: das, was für das Durcheinander am Himmel und die Folgen für das Leben auf der Erde vorausgesagt wird, übertrifft alles andere bei weitem.

Nostradamus läßt keinen Zweifel daran aufkommen: aus dem Weltraum droht der Erde ein verheerendes Unglück. Daß es so unvorstellbar grauenvoll wird, daran sind die Menschen aber selbst schuld. Denn sie haben so gelebt und so getan, als wäre eine kosmische Katastrophe niemals möglich. Und sie haben die Erde explosiv gemacht, als hätte niemals zuvor ein Erdbeben, ein Hurrikan, eine Überschwemmungskatastrophe stattgefunden:

Ihr seht bald und doch zu spät, wie die große
Veränderung sich vollzieht.
Extreme Schrecken und Verfolgungen, als ob der
Mond von seinem Engel geholt würde.
Der Himmel nähert sich Verschiebungen.
(Centurie I/56)

Erinnern wir uns an das Vorwort an den Sohn Cäsar.
Dort kündigt Nostradamus an, daß unter den Wissenschaftlern eine erregte und unergiebige Diskussion
darüber angestellt werden wird, was wohl mit dem
Klima, d. h. mit den bislang harmonischen Kräften in
unserem Sonnensystem passiert sein könnte. Und
dann spricht Nostradamus von einem »weltweiten
Aufruhr«. Aber er meint keinen Krieg und keinen Terror, sondern Naturkatastrophen:

Die Überschwemmungen und die Fluten werden so
hoch sein, daß es kaum mehr ein Gebiet geben
wird, das nicht mit Wasser bedeckt wäre. Und das
wird so lange dauern, daß alles verloren zu sein
scheint.
Vor diesen Ereignissen aber und ebenfalls nach der
Riesenflut wird es in verschiedenen Gebieten so we-
nig regnen, und riesige Mengen von Feuer und her-
abstürzenden Steinen werden vom Himmel fallen,
daß dort keiner bleiben könnte, ohne erschlagen zu
werden.

Man denkt unwillkürlich an eine neue Sintflut. Man
spürt aus der Schilderung: Es muß etwas Entsetzliches
passiert sein, daß es plötzlich Felsbrocken vom Himmel regnet, daß Feuer aus der Luft herabfällt, während
andernorts das Wasser ganze Länder verschlingt.

176

Die Planetenkonstellation von 1982

Nostradamus läßt uns nicht im unklaren darüber, wo die Ursache der Katastrophe zu suchen ist. Im selben Vorwort sagt er nur ein paar Sätze später:

Die Sterne vereinigen sich zu einer
Umwälzung ...

Die Katastrophe beginnt mit einer besonderen Sternenkonstellation. Die Planeten vereinigen sich. Sie befinden sich, von der Erde aus gesehen, alle im selben oder auch in benachbarten Sternbildern.

Eine solche Konstellation hatten wir tatsächlich schon im Jahre 1982. Damals standen Anfang Dezember Sonne, Merkur, Venus, Jupiter, Uranus und Neptun im Sternzeichen Schütze. Saturn befand sich dicht daneben im Sternzeichen Skorpion, Mars im Steinbock. Nur Pluto, nach Merkur der kleinste und fernste Planet, zog seine Kreise ein wenig abseits. Er hielt sich am Ende des Zeichens Waage auf.

Wenn wir im Herbst 1982 am Himmel unsere Nachbarplaneten suchten, fanden wir sie alle rund um die Sonne versammelt, Merkur und Venus standen zwischen Erde und Sonne, die anderen alle hinter ihr – und das alles in einer nahezu geraden Linie, als wären sämtliche Planeten und die Sonne wie Perlen an einer Kette aufgereiht.

Diese Konstellation war für Nostradamus nicht von der Himmelsmechanik her interessant, sondern als astrologisches Zeichen. Er hat sich nicht gefragt, ob bei einer solchen Stellung die Erde oder ein anderer Planet aus der Bahn geworfen wird, sondern sah nur das astrologische Gesetz: Alle Himmelskörper im Zeichen Schütze, das bedeutet Veränderung, »Revolution«.

Die Astronomen und Geologen haben dieser Planetenstellung keine besondere Bedeutung zugemessen. Gewiß, normalerweise befinden sich die Kräfte am Himmel in einer ausgewogenen Harmonie. Durch die mächtige Anziehungskraft zwingt die Sonne alle Planeten, in elliptischen Bahnen um sie herum zu kreisen. Das tut sie schon seit Jahrmillionen. Die hohe Geschwindigkeit der Himmelskörper verhindert einen Absturz auf die Sonne. Wäre das Tempo eines Planeten allerdings größer, dann könnte er sich aus der Fessel losreißen und in das Weltall hinausrasen oder eine ganz neue Bahn einschlagen.

Aber diese Bindung an die Sonne ist nicht alles. Die Planeten beeinflussen sich auch gegenseitig, und zwar ganz massiv. Weil die Satelliten der Sonne verschieden groß sind, sich verschieden schnell bewegen und auf unterschiedlich weiten oder engen Bahnen kreisen, ergeben sich ständig neue Kräftekombinationen am Himmel. Die Planeten ziehen einander gegenseitig an und zwingen sich damit gegenseitig zu Bahnänderungen. Dank dieser Tatsache erst konnten die entferntesten Planeten, Neptun und Pluto, entdeckt werden. Aus den Bahnberechnungen ihrer Nachbarn hatten sich Fehler ergeben, die nur erklärbar wurden, wenn es da noch einen gab, der mitmischte. Und so war es dann auch.

Das bedeutet aber: Wenn alles tatsächlich so unmittelbar voneinander abhängt, dann muß die kleinste Störung dieses Zusammenspiels ernste Folgen haben – zumal sich zwischen den Planeten ja eine riesige Fülle anderer Himmelskörper dahinbewegt, darunter Brocken, die immerhin größer sind als unser Mond. Diese Planetoiden sind von der Ausgewogenheit der Himmelskräfte noch wesentlich abhängiger als die Planeten selbst.

Gewöhnlich sind diese ziemlich regelmäßig rund um die Sonne verteilt. Manchmal laufen zwei, drei Sterne miteinander nahezu parallel, dafür sind aber andere dann genau entgegengesetzt.

Daß sich alle Planeten und die Sonne von der Erde aus gesehen in einer Richtung befinden, das ist ganz selten der Fall. Bisher, so sagen die Wissenschaftler, ist dabei niemals etwas wirklich Gravierendes passiert. Sollte sich 1982 im Kräfteverhältnis unseres Sonnensystems etwas ergeben haben, das wir in den nächsten Jahren erst erfahren?

Mit einer gewissen Besorgnis registrierten die Astronomen, daß sich ausgerechnet zu diesem Zeitpunkt im Jahre 1982 die Sonne in besonders hektischer Aktivität befand. Die Sonnenflecken erreichten 1982, wie alle elf Jahre, ein Maximum. Das bedeutet verstärkte Strahlung, die sich auf der Erde bemerkbar macht – etwa durch die Bedrohung der Gesundheit des Menschen, wie z. B. ein Ansteigen von Herzinfarkten.

Der Direktor der Bochumer Sternwarte, Professor Heinz Kaminski, sagte zu der Sternenkonstellation von 1982: »Dieses Ereignis hat es – auch in geschichtlicher Zeit – schon öfters gegeben, selbst mit der zusätzlichen Gegebenheit eines Sonnenfleckenmaximums, wie 1982. Doch es tritt hierbei auf jeden Fall ein Sonderzustand im Planetensystem ein, was die Gravitationsauswirkungen anbelangt. Direkte Auswirkungen solcher Zustände sind statistisch bisher insoweit mit Aufmerksamkeit verfolgt worden, als nach etwa 20 bis 25 Jahren lokale Naturkatastrophen im Gefolge solcher astronomischer Gegebenheiten auf der Erde bekannt sind, ohne aber bis heute wissenschaftlich deutbar oder erklärbar zu sein.«

Wenn also die Planetenkonstellation von 1982 schlimme Auswirkungen gehabt haben sollte, dann werden wir sie überhaupt erst um das Jahr 2000 bemerken.

Die Uhren im Weltraum gehen anders. Ursache und Wirkung liegen weit auseinander.

Das ist aber genau das, was Michel Nostradamus angekündigt hat: »Die Erde nähert sich Verschiebungen ...« Es fängt mit kleinen Veränderungen an, die sich nach und nach zur eigentlichen Katastrophe steigern.

Wie riesig jene Kräfte sind, die alle Himmelskörper in ihren Bahnen halten, zeigen Ebbe und Flut. Umkreist der Mond die Erde, zieht er das Wasser der Ozeane wie eine Schleppe meterhoch hinter sich her, wie ein riesiger Magnet. Wenn Mond und Sonne in derselben Richtung ziehen oder wenn sich die beiden Gestirne auf den entgegengesetzten Seiten der Erde befinden, kommt es auf der Erde zu den sogenannten Springfluten.

Aber das ist nicht alles. Exakte Messungen aus jüngster Zeit haben ergeben, daß sich auch die feste Erdkruste mit der stärkeren oder weniger starken Anziehungskraft der Gestirne ständig verbiegt. Die Alpen sind, wenn der Mond über ihnen steht, etwa fünf Zentimeter höher als ohne Mond.

Man kann sich leicht vorstellen, daß die extreme Belastungsprobe für unsere Erde im Jahre 1982 keine Kleinigkeit darstellte. Es gibt keinen Zweifel daran, daß sich Naturkatastrophen, nämlich Erdbeben, Vulkanausbrüche, Wirbelstürme oder Klimaveränderungen, sehr viel heftiger und häufiger als in den zurückliegenden Jahren gezeigt haben.

Wie sieht es aber mit den anderen Himmelskörpern aus? Wird ein Planetoid in die Anziehungskraft der Erde hineingerissen? Kommt ein Komet der Erde so nah, daß er abstürzen muß?

Niemand kann die Frage zur Stunde beantworten. Nostradamus warnt jedoch: »Bald und doch zu spät« werden wir einsehen müssen, daß aufgrund der Planetenkonstellation mehr durcheinandergeraten ist, als man zunächst annahm. Die Hinweise, die Nostradamus uns gibt, lassen befürchten, daß wir um das Jahr 1998 mit einer kosmischen Katastrophe rechnen müssen.

Das Wetter wird immer schlimmer

Die ersten Anzeichen, die zeigen, daß etwas anders ist, so warnt uns der Seher, sind große Wetterkatastrophen, die nach und nach schlimmer werden, bis man schließlich nicht mehr weiß, ob nun eigentlich Sommer oder Winter ist.

Am Nordpol wird es regnen, und rund um das Mittelmeer wird alles gefrieren.

Hier nun ein paar Beispiele der zahllosen Ankündigungen:

Hagel, Rostigkeit, Regen und große Landplage.
Die Frauen werden in Sicherheit gebracht.
Sie verursachen ein fürchterliches Geschrei.

Viele sterben an der Pest, durch Eisen, Hunger
und Haß.
Am Himmel sieht man etwas, von dem man sagt,
es leuchte.
(Présage 112)

Und:

Regen. Außergewöhnlich heftig und in Hülle
und Fülle.
Das Vieh kommt um. Nur die Frauen sind außer
Gefahr.
Hagel, Regen, Gewitter: das französische Volk
liegt am Boden.
Sie schinden sich zu Tode, um den Tod des Volkes
aufzuhalten.
(Présage 126)

Und:

Die Flut bricht von Verona herab ...
(Centurie II/33)

Und:

Riesiger Hunger durch die Pestwelle und durch
den langen Regen am Nordpol ...
(Centurie VI/5)

Und:

Neuerdings und plötzlich fällt Regen.
Erbarmungslos.
Steine fallen vom Himmel.
Feuer bringt das Meer zum Sprudeln ...
(Centurie II/18)

182

Andernorts dagegen herrscht die große Kälte:

Die Rhone ist steifgefroren wie ein Kristall.
Schnee, gefärbtes Eis.
Tod. Tod. Sturm und Regen zerschlagen das Dach.
(Présage 14)

Und:

Dort, wo die Baise in die Garonne fließt
und der Wald nicht weit von Damazan steht,
gefrieren die Marsaves.
Darauf folgen Hagel und Sturm.
Frost in der Dordogne,
als hätte man sich im Monat geirrt.
(Centurie VIII/35)

Frost, offensichtlich in einem Sommermonat in Frankreich. Unklar bleibt der Begriff »Marsaves«, gelegentlich als Weinstöcke oder auch als Salzseen gedeutet. Nostradamus spricht immer wieder davon, daß es über einen längeren Zeitraum am Nordpol regnen wird, im Süden dagegen die Kälte einbricht. In den zurückliegenden Jahren haben wir erste Anzeichen für eine solche Klimaverschiebung beobachten können.

In diesem Zusammenhang sei nur daran erinnert, daß eine Reihe anderer Propheten eine große Flutkatastrophe über Nordeuropa ankündigen, die so schlimm werden soll, daß die Landkarten neu gezeichnet werden müssen.

Weltweit Hunger

Die Beispiele können endlos fortgesetzt werden. Es ist
eine einzige Steigerung der Schrecken. Zu den Wetterkatastrophen kommen Erdbeben, Vulkanausbrüche –
und als Folge von all dem schließlich dann der weltweite Hunger:

> *Die große Hungerkatastrophe,*
> *die ich nahen fühle,*
> *wird oft da und dort auftauchen,*
> *schließlich weltweit geworden sein.*
> *Sie wird so lange und so schlimm fortdauern,*
> *daß man die Rinde von den Bäumen*
> *und die Kinder von der Mutterbrust*
> *reißen wird.*
> (Centurie I/67)

Die schlimmste Sonnenfinsternis
aller Zeiten

Eine ganze Reihe von Propheten, unter ihnen auch Michel Nostradamus, haben eine dreitägige tödliche Sonnenfinsternis angekündigt, die mit einer gewöhnlichen
Sonnenfinsternis nichts zu tun haben kann. Drei Tage
lang wäre es auf unserer Erde, oder zumindest in Europa, nicht nur tiefe Nacht, sondern gleichzeitig soll
die Luft so giftig sein, daß jeder, der sie einatmet oder
mit ihr auch nur in Berührung kommt, augenblicklich
stirbt.

Nach Nostradamus findet diese Finsternis in einem Oktober statt, und ihr geht im Mai/Juni desselben Jahres ein besonders schlimmes Erdbeben vorher:

Wenn die Sonne am 20. Grad im Zeichen Stier
steht, wird die Erde mächtig beben.
Das große überfüllte Theater wird einstürzen.
Die Luft, Himmel und Erde werden sich
verdunkeln und eintrüben.
Selbst die Ungläubigen werden dann Gott und
die Heiligen anrufen.
(Centurie IX/83)

Um einen 10./11. Mai also müßten wir das schlimme Erdbeben erwarten, das uns den Hinweis auf die nachfolgende Finsternis liefert. Ein überfülltes Theater, wir dürfen wohl an eine Riesenarena oder ein Stadion denken, stürzt ein. In welchem Jahr?

Das heftige Erdbeben im Monat wird sich dann
einstellen,
wenn Saturn im Steinbock, Jupiter und Merkur
im Stier stehen. Venus befindet sich noch im
Krebs, Mars in der Jungfrau.
Es fällt Hagel, größer als Hühnereier.
(Centurie X/67)

Der recht unklare astrologische Hinweis, der auch andere Übersetzungsmöglichkeiten zuläßt, verrät uns immerhin, daß es zu dieser Katastrophe in diesem Jahrtausend nicht mehr kommen wird. Erst nach der Jahrtausendwende sind solche Konstellationen wieder gegeben. Andererseits berichtet Nostradamus aber gleichzeitig von Chiren, der mit dem Antichristen Krieg führt. Achten wir auf das Erdbeben im Mai. Denn

Nostradamus verbindet die beiden Ereignisse miteinander.

Im Vorwort des Sehers an König Heinrich II. schildert Nostradamus das Auftauchen des Antichristen aus dem Osten, bricht dann aber plötzlich ab und kommt auf eine Naturkatastrophe zu sprechen, die zuvor noch stattfinden soll:

Zuvor aber wird es eine Sonnenfinsternis geben.
Es wird die dunkelste und finsterste sein seit der Erschaffung der Welt und bis zum Sterben und Leiden Jesu Christi und von da an bis zum heutigen Tag.
Im Monat Oktober werden einige Verschiebungen eintreten, daß man glauben wird, die Schwerkraft der Erde hätte ihre natürliche Bewegung verloren und die Erde wäre hinausgeschleudert in die ewige Finsternis ...

In der Regel wird diese Sonnenfinsternis als das Ereignis vom 11. August 1999 gedeutet, der Augenblick, der den großen Chiren, den Retter Europas, an die Macht bringen soll. Doch sie kann nicht gemeint sein. Denn jedesmal, wenn der Mond vor der Sonne vorbeizieht und sie für einen Augenblick verdeckt, fällt der Schatten des Mondes auf ein kleines Gebiet der Erde. Und alsbald wird es auch wieder hell. Das vollzieht sich jeweils nach derselben Gesetzmäßigkeit, eine Sonnenfinsternis dieser Art kann also nicht dunkler sein als jede andere auch. Außerdem spricht Nostradamus hier vom Oktober und nicht vom August. Die Dunkelheit muß also durch eine andere Ursache zustande kommen.

Und sie war bereits angedeutet: Die Verdunkelung steht im Zusammenhang mit dem Erdbeben. Im folgenden Vers, vorausgesetzt er gehört zu der Finsternis, erfahren wir ergänzend, daß die Sonne etwas damit zu tun hat:

Der Mond verdunkelt sich in tiefste Finsternis.
Sein Bruder zieht vorbei in rostiger Farbe.
Der Große bleibt für lange Zeit hinter der
Dunkelheit versteckt.
In seiner blutenden Wunde hält er
das Schwert.
(Centurie I/84)

Erinnern wir uns an einige merkwürdige Ankündigungen, die bisher so unverständlich waren. Die Soldaten verlassen ihre Panzer, weil sie »einen Adler um die Sonne herumtollen« sehen. Die hungernden Leute sehen am Himmel »etwas, von dem man sagt, es leuchte«. Es war die Rede davon, die Menschen hätten den Eindruck, »der Mond würde von seinem Engel geholt«. Und nun zwei neue Hinweise: Der Mond hat einen rostfarbenen »Bruder«, und die Sonne, »der Große«, wie sie hier genannt wird, bleibt in der Finsternis versteckt. Sie »trägt ein Schwert in ihrer blutigen Wunde«.

Die Zeichen an den Sternen

Wir hören noch mehr darüber:

Wenn es zum Fehler an der Sonne kommt,
wird man das »Monster« den ganzen Tag über
sehen.

Ganz anders wird man es deuten.
Gegen die Verteuerung gibt es kein Rezept,
weil man nicht vorgesorgt hat.
(Centurie III/34)

Und schließlich:

Dann naht der Augenblick der Mondgebrechen.
Zwischen dem einen und dem anderen vergeht
nicht viel Zeit.
Kälte, Dürre, Gefahren zu den Grenzen hin.
Selbst dort, wo das Orakel seinen Anfang nahm.
(Centurie III/4)

Die »Gebrechen«, die so viel Angst auslösen, weil niemand genau weiß, was wirklich dahintersteckt, das sind, daran kann es keinen Zweifel geben, die Zeichen, die schon in der Bibel erwähnt wurden, als Jesus zuerst von der Zerstörung Jerusalems und dann von den letzten Tagen spricht. Im Kapitel 21 bei Lukas heißt es: »An Sonne, Mond und Sternen werden Zeichen sein, auf Erden Angst und Bestürzung bei den Völkern ob des Tosens und Brausens der Meereswogen. Die Menschen werden vor Bangen vergehen in Erwartung dessen, was über den Erdkreis kommen soll. Die Kräfte des Himmels werden erschüttert werden ...«

Und der Prophet des Alten Testaments, Amos, hat dieselbe Szene ebenfalls mit ganz ähnlichen Worten geschildert: »Dann sende ich am Himmel und auf der Erde Zeichen: Blut, Feuer, Rauch in hohen Säulen. Die Sonne wandelt sich in Finsternis, der Mond in Blut, bevor der Tag des Herrn erscheint, der große, fürchterliche ...« (Joel 3)

188

Die Sonne wird zur Nova

Die Situation wird immer deutlicher: Die Klimakatastrophen auf der Erde haben ihre Ursachen in kosmischen Veränderungen.

Die letzte noch fehlende Erklärung liefert wohl die Ankündigung von der glühenden Sonne:

> *Der große Stern wird sieben Tage lang glühen.*
> *Eine Wolke bewirkt, daß man zwei Sonnen*
> *sieht ...*
> (Centurie II/41)

Die Sonne, das wird ganz deutlich, scheint plötzlich nicht mehr so, wie das bisher der Fall war. Sie flackert, als wollte sie verlöschen, als hätte sie keine Kraft mehr.

Aber dann fängt sie mörderisch an zu glühen. Für schreckliche sieben Tage. Dabei wird sie offenbar immer größer. So groß, daß eine Wolke sie in zwei Teile teilen kann. Man glaubt, es stünden zwei Sonnen am Himmel.

Die Schilderung klingt, als wollte der Seher eine sogenannte Nova beschreiben. Solche Naturschauspiele beobachten die Wissenschaftler praktisch ständig am Sternenhimmel.

Aus winzigen, bisher kaum wahrnehmbaren Fixsternen werden geradezu schlagartig Riesensonnen, die ihre Umgebung überstrahlen. Nach einer gewissen Zeit verblassen sie wieder, um so zu scheinen, wie das vorher der Fall war. Die Experten schätzen, daß allein in der Milchstraße, also in der Galaxie, zu der unser Sonnensystem gehört, jährlich rund 50 Sonnen zur Nova werden. Und wahrscheinlich neigen bevorzugt jene dazu, die klein oder von mittlerer Größe sind – so wie unsere Sonne.

Würde unsere Sonne, möglicherweise durch die vorangegangene schwierige Planetenkonstellation, die sie in bedrängter Situation traf, zur Nova werden, dann hätten die Menschen auf der Erde den Eindruck, die Erde stürze auf die Sonne. Diese würde sehr rasch immer größer, glühender, gleißender und könnte schließlich ein Viertel oder gar die Hälfte des Himmels bedecken. Ein Riesenball, der die Meere zum Kochen bringt.

Mit der Angabe, die Sonne wird sieben Tage lang glühen, gibt Nostradamus eine gewisse Beruhigung: Die ganz große Katastrophe bleibt aus. Die Sonne wird nicht zur Supernova, in deren Glut die Erde verbrennen müßte. Nach einer Woche wird sich unser Zentralgestirn wieder normalisieren und zurückfinden zur normalen Größe und zur normalen Hitze.

Die giftige Sonnenwolke

Allerdings könnte sie, so muß man den prophetischen Schilderungen entnehmen, Dampf abgelassen haben: Die riesigen feurigen Gasausbrüche, die man immer wieder beobachten kann und die schon unter normalen Bedingungen oft bis zu 100 000 Kilometer weit in den Weltraum hinausschießen, könnten während der Nova so übermächtig werden, daß sich eine solche »Fackel« losreißt und nun als feurige Wolke um den Stern kreist.

Das wäre dann die »blutige Wunde«, in der ein Schwert steckt, der Adler, der um die Sonne herumtollt, dieses Etwas, das am Himmel leuchtet.

Wenn sich diese Wolke nun aber ganz von der Sonne losreißen würde, dann könnte sie zum »rostigen Bruder« des Mondes werden. Erde und Mond müßten schließlich diese Wolke passieren – und wir hätten die totale Finsternis, eine verpestete Luft, die möglicherweise sogar tödlich wäre.

Von der großen dreitägigen und giftigen Finsternis haben tatsächlich sehr viele Seher und Propheten gesprochen. Und sie alle haben sie für die Zeit um das Jahr 2000 angekündigt.

Nostradamus schildert die Situation nach dem Schrecken:

Wenn Venus von der Sonne verdeckt sein wird,
vollzieht sich, hinter dem Lichtschein verborgen,
eine Formveränderung.
Merkur wird sie im Feuer enthüllen.
Dann beginnt der Krieg mit Kampfgeschrei.
(Centurie IV/28)

Das könnte man nun so verstehen: Wenn sich Nebel und Dunkelheit verzogen haben, werden die Menschen erkennen, daß auch Venus und Merkur in Mitleidenschaft gezogen wurden, da sie ihr Aussehen verändert haben. Bei Venus wird man den Augenblick der Veränderung nicht wahrnehmen können, weil sie sich gerade hinter der Sonne befindet, wenn die Katastrophe sich ereignet. Doch Merkur wird sich im Sonnenlicht befinden, so daß man alles genau beobachten kann. Nur – diese Vorgänge werden jedoch nicht als Warnung verstanden. Unten auf der Erde tobt Krieg.

Möglicherweise ist inzwischen die Not so groß geworden, daß die Menschen ums nackte Überleben miteinander kämpfen.

Die Erdachse kippt

Damit läßt der Seher keinen Zweifel aufkommen: Am Himmel oben wird alles wieder beim alten sein. Die Sonne und der Mond strahlen und leuchten wie zuvor. Unten auf der Erde aber dürfte es trostlos aussehen. Es ist zunächst kein Handeln mehr möglich. Was sollte man einander noch geben oder wegnehmen können? Die Menschheit ist um Jahrhunderte zurückgeworfen und muß so gut wie von vorne anfangen.

Doch die Katastrophenserie, so scheint es, ist damit noch nicht durchgestanden. Immer, wenn von der großen Dunkelheit, der größten Finsternis aller Zeiten, die Rede ist, wird auch zugleich darauf hingewiesen, daß die Erde irgendwie schief und gekippt durchs Weltall eilen wird:

Der Himmel nähert sich Verschiebungen ...,

so heißt es in der bereits zitierten Centurie I/56. Im Vorwort an Heinrich II. findet sich derselbe Hinweis:

Im Monat Oktober treten einige große Verschiebungen ein. Sie sind so gravierend, daß man glauben wird, die Schwerkraft der Erde hätte ihre natürliche Bewegung verloren und sie wäre hinausgeschleudert in ewige Finsternis ...

192

Im Vorwort an den Sohn Cäsar wird das Bild zu Ende gemalt:

Der Herr wird sich aufmachen, den Umsturz zu voll-
enden.
Die himmlischen Bilder werden zu ihrer gewohnten
Bewegung zurückkehren.
Die übergeordnete Bewegung wird die Erde wieder
stabil und unerschütterlich machen. Sie soll nicht
auf ewig weggedreht werden ...

Das ist aber genau das, was manche Wissenschaftler heute befürchten und was auch andere Propheten angekündigt haben, wie z. B. Jesaja: »Der Erde Gründe sind erschüttert. Die Erde wankt und schwankt wie ein Betrunkener. Sie schwankt wie eine Hängematte.« Und Jesus formuliert es so: »Die Sterne werden vom Himmel fallen« (Matthäus 24). In der Apokalypse schildert Johannes den Augenblick: »Der Himmel wich zurück wie eine Rolle« (Apokalypse 5).

Nostradamus selbst läßt keinen Zweifel daran: Die Veränderungen kommen zustande, »wenn wir uns im 3. Jahrtausend befinden, die Sternbilder werden erst im 4. Jahrtausend wieder so wie jetzt am Himmel stehen«.

August 1998 – Höhepunkt der kosmischen Katastrophe

Wenn die Erdachse kippt, und manche Forscher sind der Meinung, daß sie das in den Millionen Jahren ihrer Existenz schon einige Male getan hat und in gewissen

Zeitabständen immer wieder tun wird, dann muß der Zuschauer tatsächlich den Eindruck haben, wie er hier wiedergegeben wird: Die großen Sternbilder, bisher fast unverrückbar am Himmel fixiert, fallen hinter den Horizont, und an ihrer Stelle wird ein neuer Himmel sichtbar – Sternbilder, die man sonst von der südlichen Erdkugel aus sehen konnte. Der Himmel, so meint der Beobachter, weiche zurück wie eine Kulisse, die eingerollt wird. Möglicherweise wird vorübergehend in manchen Gegenden die Sonne nicht mehr untergehen, sondern am Horizont entlanggleiten.

Die Folge eines solchen Kippens müßte eine unvorstellbare Flut sein. Sie wäre so verheerend, daß die Landkarte, wie Nostradamus sagt, ein anderes Gesicht bekäme. Und natürlich würde sich auf der ganzen Erde das Klima verändern.

Für dieses Ereignis gibt Nostradamus wiederum ein Datum an: August 1998. Das liest sich so:

Das wird sich in Kürze ereignen, vor dem letzten Aufruhr, noch während der Planet Mars seinen Kurs vollendet, am Ende seiner letzten Periode, wenn er wieder von vorne beginnt, die anderen Planeten für mehrere Jahre im Wassermann und andere noch länger im Krebs versammelt sind ...
(Vorwort an Sohn Cäsar)

Der Hintergrund für diese Berechnung: Der Planet Uranus wechselt am 13. Januar 1996 in das Zeichen Wassermann, um bis in das Jahr 2000 dort zu bleiben. Neptun folgt ihm am 29. Januar 1998 und pendelt dann ebenfalls, von kurzen Unterbrechungen abgesehen, für den Rest des Jahrtausends in diesem Zeichen hin und her. Mars befindet sich aber zwischen dem

7. Juli und dem 20. August und Venus zwischen dem 20. Juli und dem 14. August im Zeichen Krebs.

Im August 1998 könnte sich also deutlich bemerkbar machen, daß die Erde sich anders als bisher dreht.

Was im Jahre 1982 mit der besonderen Planetenkonstellation begonnen hat, das wird kurz vor der Jahrtausendwende bestätigt.

Gibt es überhaupt eine Zukunft?

Was Nostradamus über die Zeit nach dem Jahr 2000 sagt

Immer wieder wird dem Seher Michel Nostradamus vorgeworfen, er habe, genauso wie alle Propheten, immer nur das Unheil verkündet und drohende Schreckensvisionen auf beinahe genüßliche Weise von sich gegeben. Man erinnere sich an Kassandra, die unglückliche Königstochter von Troja. Sie hat das böse Ende ihrer Stadt vorausgesehen, war aber – wiederum wie alle prophetischen Unglücksboten – mit dem Fluch geschlagen, daß ihr niemand Glauben schenkte. Eine Gestalt von tragischer Größe, der niemand die Achtung versagen kann, die von den meisten Menschen aber auch als überflüssig, vielleicht sogar als höchst gefährlich und schädlich empfunden wird. Wenn es jemanden geben sollte, der tatsächlich die Zukunft voraussehen kann, so sagt man, dann wäre es besser, er würde von vornherein den Mund halten, weil sonst jede Initiative und jede Eigenverantwortlichkeit gelähmt werde. Die Menschen müßten sich sagen: Es ist ja doch alles vorausbestimmt und bis ins Detail festgelegt. Was sollen wir uns da noch anstrengen?

Wenn aber die Zukunft doch immer nur in der Katastrophe endet, die nicht verhindert werden kann, wozu soll dann der Prophet überhaupt nützlich sein? Ein Glück, daß dem Propheten keiner ernsthaft glaubt, sonst müßte die Welt nur in tiefste Verzweiflung stürzen.

Michel Nostradamus hat dieses Bild vom finsteren Schwarzseher, vom Unglücksboten gründlich korrigiert. Er gibt speziell uns Menschen zur Jahrtausendwende zu verstehen, wie nötig Propheten sind – und wie hilfreich sie in Kürze sein werden.

In unseren Tagen können viele Menschen nicht mehr ruhig schlafen, weil sie eine unerklärliche, unheimliche Angst verspüren. Wir alle fühlen uns bedroht. Und die Furcht ist wohl nicht zuletzt deshalb so groß und so unfaßbar, weil wir nicht wissen und nicht klären können, was uns derartig stark beunruhigt.

Diese innere Unruhe, so glaubt Nostradamus zu wissen, ist die verkümmerte Gabe der Weissagung, die in jeder Seele schlummert. Wir haben sie unterdrückt, nicht ernst genommen und verdrängt, so daß nicht mehr viel von ihr übrigblieb als ein dumpfes, bohrendes Ahnen.

Doch dieses Ahnen macht uns tatsächlich mehr zu schaffen, als die völlige Unkenntnis bewirken könnte. Die nutzlos gewordene Begabung belastet uns stark. Wir ahnen die Katastrophe und machen sie in unserer Vorstellung noch viel größer, als sie in Wirklichkeit werden wird. Wir kennen die Ursache unserer Angst nicht, deshalb können wir auch nicht gegen sie angehen. Und so befinden wir uns in einem bis zum Zerreißen angespannten Zwiespalt.

Schluß mit den falschen Hoffnungen

Nostradamus will uns ganz unmißverständlich klarmachen, daß es gewichtige Gründe für die Angst in uns gibt. Wir müssen uns aber wegen dieser Angst nicht schämen.

Es wäre auch völlig falsch, so zu tun, als gäbe es sie überhaupt nicht. Noch sollten wir den Eindruck gewinnen, als wären wir seelisch verkorkst und angekränkelt. Nur wer sich mit der Angst herumschlagen kann, ist in der Lage, sie zu meistern und sein Leben positiv zu gestalten.

Genauso wie es unsinnig ist, sich vor dem Tod zu fürchten oder gar zu hoffen, wie das den alten römischen Kaisern eigen war, man selbst könnte vielleicht verschont bleiben, genauso töricht wäre es, in Panik zu verfallen, weil eine Katastrophe oder ein Krieg droht.

Die Hoffnung aber, es gäbe keine Katastrophen und keine Kriege mehr, kann nur verhängnisvoll sein. Niemand darf sich in Sicherheit wiegen oder anderen vormachen, es gäbe keine Atomkatastrophe. Sie ist geradezu unvermeidlich. Und wahrscheinlich muß sie sogar kommen, weil der Mensch sich sonst in Oberflächlichkeiten und innerer Auflösung verlieren würde und letztlich zugrunde gehen müßte.

Die Welt geht nicht unter

Es wird allen Militärs dieser Welt und allen noch so teuflischen Waffen, die die menschliche Perversion erfindet, nicht gelingen, das Leben auszulöschen oder die Erde in die Luft zu sprengen. Die Erde wird sich weiterdrehen. Und die Menschheit wird sich in heute noch unvorstellbare Dimensionen aufschwingen. Diese Botschaft, so meint der Prophet, werden die Menschen, wenn es so weit sein wird, als letzte Hoffnung dringend brauchen. Wo sonst wäre eine Zuversicht?

Wer heute den Weltuntergang vorhersagt und sich dabei auf die Prophezeiungen des Nostradamus beruft, kann nur ein Dummkopf, ein Schwindler oder gar ein gewissenloser Geschäftemacher sein, der die Angst der Mitmenschen zu seinen Gunsten ausnutzt.

Die »Quelle« Nostradamus ist noch längst nicht ausgeschöpft. Auch dieses Buch kann nur Stückwerk anbieten. Und gewiß ist es nicht frei von Fehlinterpretationen und Lücken. Es wird noch sehr viel Arbeit nötig sein, den wahren Nostradamus vollständig freizulegen, nämlich den Propheten der Hoffnung. Zuviel ist in den zurückliegenden Jahrhunderten an Falschem und Irrtümlichem interpretiert worden.

Der Atomtod kommt

Gewiß, Michel Nostradamus beschönigt nichts, und er verschweigt auch nichts. In der Vorrede an König Heinrich II. finden sich Sätze über die Zukunft, die an Deutlichkeit nichts zu wünschen übriglassen. Man sollte sie kennen und unserer gegenwärtigen Welt vor Augen halten:

Inzwischen entsteht eine so große Seuche, daß von drei Teilen mehr als zwei dahinsiechen.

*Das wird so schlimm, daß man nicht mehr erkennen
kann, was zu den Feldern und was zu Häusern
gehört.
In den Städten wächst das Gras mehr als kniehoch ...
Über das Reich kommt eine riesige Verwüstung.
Die großen Städte sind entvölkert.
Wer versucht, sie zu betreten, wird von Gottes Zorn
gepackt ...*

Die Seuche ist die Verseuchung der Welt mit atomarer
Strahlung. Daran kann wohl keiner zweifeln, der diese
Sätze liest.

Zwei Drittel der Menschheit werden dem Strahlentod zum Opfer fallen. Auch das steht hier ausdrücklich. Niemand vermag mehr in der Stadt zu leben, weil
die Mauern strahlen. Wer trotzdem den Versuch
macht, »wird vom Zorn Gottes gepackt«, das heißt, er
wird umgehend krank und stirbt. Noch unmißver-
ständlicher kann man es wohl kaum ausdrücken. Ein
Zeitgenosse könnte die Situation kaum treffender
schildern, als es der Prophet vor mehr als 400 Jahren
getan hat.

Hierzu gehören zwei weitere Prophezeiungen, die
das Bild abrunden und keinen Zweifel daran lassen:

*Die bevölkerten Orte werden unbewohnbar sein.
Wegen der Felder kommt es zum großen
Zerwürfnis.
Die Regierungen werden Wichtigtuern überlassen.
Selbst zwischen Brüdern gibt es Mord und Streit.*
(Centurie II/95)

Man kann sich das leicht vorstellen: Die Städte sind
nicht nur zerstört, sondern auch die Ruinen sind auf-

grund der Radioaktivität unbewohnbar. Wer überleben will, der muß fliehen oder wegziehen in eine Region, die verschont geblieben ist. Aber dort drängen sich die Menschen, streiten um ein Fleckchen Erde. Selbst Geschwister geraten sich in die Haare und schlagen sich gegenseitig tot. Die Regierungsgewalt wird den unfähigen Klugen überlassen. Vielleicht sind es gelehrte Männer, die von Politik keine Ahnung haben, oder aber der Prophet meint Wichtigtuer, die sich selbst für klug halten, in Wirklichkeit aber völlig unfähig sind.

Und der nächste Schritt:

> *Sie sind wiedergekommen. Die befestigten Orte werden von niemandem verteidigt.*
> *Sie besitzen den Ort, der bis dahin unbewohnbar war.*
> *Wiesen, Häuser, Felder und die Stadt nehmen sie sich nach Gutdünken.*
> *Hunger, Pest, Krieg, mühevolles Darben.*
> (Centurie II/19)

Das ist die Schilderung der Rückkehr der Vertriebenen in die von Atombomben zerstörten Gebiete. Die Häuser stehen leer. Jeder kann einziehen, wo es ihm gerade gefällt. Er kann sich ein Stück Land aussuchen, das er bearbeiten will. Es ist genug da für jeden. Allerdings, so scheint es, die ersten Ungeduldigen sind zu früh heimgekehrt. Noch ist die Radioaktivität nicht völlig abgeklungen. Noch werden die Menschen krank. Außerdem befinden sie sich in der Situation von Pionieren: Sie müssen ganz von vorne anfangen, unsägliche Entbehrungen auf sich nehmen, ehe es ihnen wieder einigermaßen gutgeht.

Und dann gibt es auch schon wieder Krieg, Kampf,

Streit. Es ist immer wieder dasselbe. Alle Erfahrungen und Schrecken werden die Menschen letztlich nicht davon abhalten, sich gegenseitig umzubringen.

Die Geschichte des 21. Jahrhunderts

Versucht man, aus den Prophezeiungen des Nostradamus so etwas wie einen Fahrplan der Menschheit in die Zukunft, über das Jahr 2000 hinaus zu erstellen, dann müßte er etwa so aussehen:

Am Anfang des neuen Jahrtausends steht der Krieg, den der Chiren, im Sommer 1999 zur Macht gekommen, gegen die eingedrungenen Araber und gegen den italienischen Diktator mit dem Krausbart führen muß:

Wie ein Geier kommt der Herrscher von Europa,
begleitet von den Abendländern.
Er führt die Truppen der »Roten« und der
»Weißen«.
Sie marschieren gegen den König von Babylon.
(Centurie X/86)

Es ist ein sehr interessanter und aufschlußreicher Hinweis, daß der Herrscher Europas nur Chiren sein kann. Er kämpft gegen Babylon – gegen die Araber. Er wird unterstützt von den Abendländern. Damit will Nostradamus in diesem Fall sicher nicht nur die Deutschen, die Österreicher und die Polen bezeichnen – alle Länder mit einem Adler im Wappen –, sondern auch Rußland. Der Prophet deutet im Vorwort an König Heinrich II. an, daß sich die Fronten verändert haben. Rußland hat sich vom Kommunismus losgesagt. Die Sowjetunion ist in mehrere Staaten zerbrochen, Rußland, wie in früheren Zeiten, »europäisch« geworden. Es kämpft an der Seite der Franzosen gegen den Orient.

Die Auslegung bestätigt die Formulierung: »Er führt die Truppen der ›Roten‹ und der ›Weißen‹.«

Im Vorwort an Heinrich II. steht außerdem der unmißverständliche Satz:

> *Die internationale, barbarische Partei wird hart bedrängt und davongejagt.*

Ein Satz, der gewiß auch auf die Sozialisten gedeutet werden könnte, denn sie singen ebenfalls die »Internationale« und versuchen, über die Staatsgrenzen hinweg Zusammenhalt und gegenseitige Stütze zu finden. Doch der Zusatz »barbarisch« weist in die Richtung Kommunismus. Nostradamus hat die Franzosen selbst niemals als Barbaren bezeichnet. Ähnlich den Römern meint er damit die Deutschen und die Russen.

57 Jahre Frieden

Nach dem Krieg, der wohl im ersten, spätestens im zweiten Jahrzehnt des 21. Jahrhunderts beendet sein dürfte, wird Europa zügig wiederaufgebaut:

> *Aus Marmorziegeln werden die Mauern*
> *wieder aufgebaut –*
> *in 57 friedlichen Jahren.*
> *Freude für die Menschen. Der Aquädukt wird*
> *erneuert.*

Gesundheit, große Früchte, Freude und
honigsüße Zeiten.
(Centurie X/89)

In diesen knappen Sätzen steckt wiederum eine Fülle von Einzelheiten. Marmorziegel – ein neuer, aufwendiger Wohlstand lebt auf. Man verwendet als Baumaterial nur das Beste und Teuerste. Der Friede nach dem Dritten Weltkrieg, welcher möglicherweise 1998 ausbricht und dann offensichtlich bis in das 21. Jahrhundert hinein andauert, wird 57 Jahre lang bestehen bleiben. Man wird in diesen glücklichen Zeiten auch Muße finden, sich um alte Werte und um Kultur zu kümmern. Die Menschen werden verstärkt auf eine gesundheitsbewußte Lebensweise achten, vielleicht auch wesentlich gesünder sein als in früheren Jahrhunderten.

Die »großen Früchte« sind möglicherweise noch ein Fingerzeig auf die vergangenen Atomkatastrophen: In ehemals verseuchten Gebieten, wie etwa auf dem Bikini-Atoll, ist der Pflanzenwuchs besonders üppig.

Nach den 57 friedlichen Jahren allerdings, Nostradamus sagt es ganz deutlich, bricht ein neuer Krieg aus. Er wird 25 Jahre dauern und muß, seinen Andeutungen zufolge, fürchterlich sein. Schon im Vorwort an König Heinrich II. ist dieser Krieg erwähnt:

Eine neue Wende bringt der Sancta sanctorum die
Zerstörung durch das Heidentum. Das Alte und das
Neue Testament werden beseitigt und verbrannt.
Daraufhin wird der höllische Fürst selbst zum An-
tichristen. Noch einmal, zum letztenmal, zittern alle
christlichen Reiche und mit ihnen die Ungläubigen
25 Jahre lang. Die Kriege und Schlachten sind noch
gefährlicher. Dörfer, Städte, Schlösser und alle ande-

ren Gebäude gehen in Flammen auf und werden mit
fürchterlicher Gewalt zerstört. Satan, der Höllen-
fürst, wird so viel Unheil anrichten, daß beinahe die
ganze Welt vernichtet und verödet sein wird ...
(Vorwort an Heinrich II.)

Der Vierte Weltkrieg im Jahre 2076

Der Vierte Weltkrieg, der zugleich der letzte sein soll,
hat nicht mehr die Stoßrichtung Ost gegen West oder
umgekehrt, sondern diesmal heißt die Front Süden gegen Norden:

> *Aus Fez wird der König zu denen von Europa*
> *kommen,*
> *um ihre Städte zu verbrennen und ihre Seelen*
> *zu zerfetzen.*
> *Der Große von Asien wird mit riesigen Truppen*
> *über Land und Wasser*
> *die Blauen, Väter und Kreuz in den Tod jagen.*
> (Centurie VI/80)

Das hört sich an, als hätten sich afrikanische Völker
mit ostasiatischen zusammengetan, um gemeinsam
über das alte Europa herzufallen. Nostradamus spricht
an anderer Stelle von Hannibal und erinnert damit an
den Feldherrn, der rund 200 Jahre vor Christus das
Abendland in Schrecken versetzte, als er mit Elefan-
ten über Spanien nach Rom zog. Und er sagt: »Die ehemaligen Sklaven werden ihre einstigen Herren unter-
jochen.« Mit anderen Worten: Jene Länder, die einst

Kolonien waren, werden den großen Vierten Weltkrieg auslösen, der die Erde nahezu vernichtet.

Einmal mehr, so scheint es, retten die Amerikaner das schon nahezu verlorene Europa:

Aus der Tiefe des Meeres macht der große Neptun
die Insel jener Leute blutig, deren Blut aus
Punieren und Galliern gemischt ist,
um reichlich spät dorthin zu rudern.
Er wird ihnen mehr Schaden zufügen
als die verborgenen Übel des Himmels.
(Centurie II/78)

Der »große Neptun«, also Amerika, feuert aus der Tiefe des Meeres Atomraketen auf Marokko und Tunesien. Dabei wird das Land schlimmer verwüstet als bei den vorangegangenen Naturkatastrophen. Dann tauchen die Amerikaner selbst auf – wie gewöhnlich reichlich spät.

Der Krieg wird aber nicht nur von Atom-Unterseebooten und auf dem Land geführt, sondern auch am Himmel:

Nachts glauben sie die Sonne gesehen zu haben,
wenn das Schwein, halb Mensch gesehen wird.
Lärm erschallt. Eine Schlacht, am Himmel
geschlagen, kann man beobachten.
Und brutale Bestien hört man miteinander
sprechen.
(Centurie I/64)

Der Prophet schildert eine Luftschlacht, vielleicht sogar eine Schlacht im Weltraum. Die Explosionen sind so hell, daß man glaubt, mitten in der Nacht wäre die Sonne aufgegangen. Das könnte auf eine Atomexplosion in großer Höhe hindeuten. Der Pilz am nächtlichen Himmel wird aussehen wie ein Gebilde halb Mensch, halb Schwein. Es ist längst kein Geheimnis mehr, daß Satelliten mit Atombomben am Himmel ihre Kreise ziehen. Sogenannte »Killer-Satelliten« sind eigens dazu konstruiert, solche »Zeitbomben«, die jederzeit auf die Erde herabstürzen können, zu zerstören. Die »brutalen Bestien«, die man miteinander sprechen hört, das dürften Roboter sein. Nostradamus benützt das Wort »brut«, das heute zur Bezeichnung anorganischer Stoffe verwendet wird.

Wann wird dieser Krieg ausbrechen? Den Angaben des Nostradamus nach um das Jahr 2076, 57 Jahre nach dem Ende des Dritten Weltkrieges. Zu Ende wäre er dann kurz nach dem Jahr 2100, denn Nostradamus sagt, er dauere 25 Jahre und wäre beendet, »wenn Saturn eine andere Regentschaft fast erneuert hat«. Alle sieben Jahre regiert Saturn. Nach 1986 wieder 1993, 2000, 2007 ...

Doch es gibt noch einen großen Saturn-Rhythmus. Es dauert 30 Jahre, bis Saturn einmal durch alle Zeichen gewandert und zum Ausgangspunkt zurückgekehrt ist. Diesem Rhythmus nach wären die gemeinten Zeitpunkte 2076 und 2106.

Das 1000jährige Goldene Zeitalter

Nach dem Vierten Weltkrieg kommt, so sagt Nostradamus übereinstimmend mit dem Apostel Johannes, das große Friedensreich, das rund 1000 Jahre andauern soll.

Jetzt endlich darf sich der Prophet von angenehmer Seite zeigen und auch einmal in Bildern schwelgen, die Erfreuliches verkündigen. Und das sind wohl seine schönsten Verse überhaupt:

> *Der Körper ohne Seele wird nicht mehr geopfert.*
> *Der Tag des Todes gestaltet sich zur neuen*
> *Geburt.*
> *Göttlicher Geist macht die Seele glücklich,*
> *wenn man das Wort in seiner Ewigkeit sieht.*
> (Centurie II/13)

Die toten Körper müssen nicht mehr verwesen, sie werden weder verbrannt noch beerdigt. Der Tag des Todes ist der große neue Anfang, die neue Geburt. Die Seele der Menschen ist erfüllt vom Geiste Gottes, der sich nun unverhüllt offenbart. Die Menschen dürfen endlich das, was ihnen schon so lange versprochen war, nämlich Gott schauen. Damit hat die Zeit des Glaubens ein Ende gefunden.

Ein weiterer Vers, der ganz Ähnliches ausdrückt:

> *Das göttliche Wort wird dem Stofflichen die*
> *Möglichkeit geben, Himmel und Erde, auch*
> *Okkultes und Mystisches zu verstehen.*
> *Leib, Seele und Geist verfügen über alle*
> *Fähigkeiten.*
> *Der Mensch hat so viel unter seinen Füßen,*
> *als wäre er im Himmel.*
> (Centurie III/2)

Damit wird uns ein ganz neuer Mensch versprochen. Einer, der weit über unseren momentanen Entwicklungsstand hinaus gereift ist. Nicht mehr der Verstand, sondern die Vernunft ist alles. Es wird gelungen sein,

»seelische Kräfte« zu entwickeln, die wir heute nur er-ahnen. Dem »Stofflichen« wird sich das göttliche Wort mitteilen, das heißt dem, was aus Fleisch und Blut ist, aber den Funken der göttlichen Vernunft besitzt, also dem Menschen. Nur beim Menschen ist nach Meinung des Propheten der Geist mit Materie verbunden – im Gegensatz zum göttlichen Geist und zum Geist der Engel und Teufel.

Die Bindung an das Fleisch, das wußte schon der griechische Philosoph Platon, beengt den Geist. Dieser fühlt sich eingesperrt, als befände er sich in einem Kerker. Nur ganz selten gelingt es einem begnadeten Menschen, diesen Kerkermauern für Momente zu ent-fliehen.

Nach der großen Wende in das 1000jährige Reich soll das anders sein. Das »göttliche Wort« wird den Menschen gegeben. Dann begreifen sie nicht nur die ganze Schöpfung, Himmel und Erde, sondern sie be-kommen auch Einsicht in jene Welten, die bisher als okkult und mystisch galten.

Spinnt man diesen Gedanken weiter, so heißt das letztlich: Alle Menschen werden zu Hellsehern, wer-den lernen, Zeit und Raum auszuschalten. Sie werden Dinge sehen, die sich an weitentfernten Orten oder erst in der Zukunft ereignen. Ihre Seelen werden sich von Zeit zu Zeit vom Körper lösen können, wie das vereinzelt bei Mystikern der Fall war, so daß sie an zwei Orten gleichzeitig sein konnten. Damit wird aber auch die Grenze zwischen dem Diesseits und dem Jen-seits für immer aufgehoben werden. Wir werden die Verstorbenen besuchen, sie neben uns wahrnehmen können.

Das alles mag heute noch phantastisch klingen.

Aber vielleicht sollten wir einmal die ausgetretenen Denkpfade verlassen und uns dem Neuen aufschließen.

Dieses Neue ist uralt. Vielfach angekündigt und prophezeit. Und es heißt: Es gibt keinen Weltuntergang.

Weder bei Michel Nostradamus noch bei irgendeinem anderen Propheten ist vom Weltuntergang die Rede. Zumindest kommt vorher, und zwar hier auf unserer Erde, das 1000jährige Reich des Friedens, das »Goldene Zeitalter«.

Der Himmel auf Erden

In diesem Punkt stimmt Nostradamus mit Johannes völlig überein. Johannes schreibt in der Apokalypse zu diesem Punkt: »Die für Jesus Zeugnis abgelegt hatten, wurden lebendig und herrschten mit Jesus 1000 Jahre lang. Die anderen Toten wurden aber nicht lebendig, bevor die 1000 Jahre vorüber waren. Das ist die erste Auferstehung. Selig und heilig, wer an der ersten Auferstehung teilhat. Der zweite Tod kann keine Gewalt mehr über sie haben.« (Apokalypse 20)

Das ist genau wie bei Nostradamus. Das Friedensreich ist nicht irgendwo im Himmel, sondern auf der Erde errichtet. Es gibt eine erste Auferstehung, nur für Erwählte, die 1000 Jahre lang zusammen mit Christus leben und regieren dürfen. Und dann erst kommt der Jüngste Tag mit dem Endgericht. Es kann aber denen, die die 1000 Jahre erlebt haben, nichts mehr anhaben.

Erst jetzt tritt jene Szene ein, die der Apostel Petrus

als Untergang der Welt prophezeit hat: »Die Elemente werden sich in Gluthitze auflösen, die Erde aber und was sich auf ihr befindet wird verbrennen ...« Das ist die Schilderung, in der unschwer das Ende unseres Sonnensystems in einigen Jahrmillionen oder gar Jahrmilliarden erkennbar ist: Die Sonne wird zur Supernova, ehe sie endgültig erlischt. Dabei verbrennt sie die Erde und die anderen Planeten. Vor dieser Katastrophe braucht sich keiner mehr zu fürchten.

Mit anderen Worten – und das ist das eigentliche Anliegen des Nostradamus: Die Angst vor dem Weltuntergang ist völlig unbegründet. Wer aus irgendwelchen Zahlen in der Bibel oder bei Propheten das Ende der Welt, die fürchterliche Endkatastrophe errechnen will, wird stets in die Irre gehen. Weil es diese totale Vernichtung nicht gibt. Nicht heute, nicht um das Jahr 2000 und nicht in 1000 Jahren.

Der Jüngste Tag im Jahre 3797

Die Zahl 3797, die Nostradamus als Zeitpunkt des Jüngsten Tages angibt, ist astrologisch berechnet. Zu diesem Zeitpunkt wäre nämlich, nach der Rechnungsweise des Propheten, das vierte große Zeit- und Entwicklungsalter der Menschheit zu Ende und damit die Uhr endgültig abgelaufen.

Folgende Rechnung lag dieser Vorstellung zugrunde: Am Anfang der Menschheit stand das Zeitalter des Stiers. Der Mensch hatte um die nackte Existenz, ums Überleben in einer feindlichen Umwelt zu kämpfen.

Seine geistigen und seelischen Kräfte lagen noch völlig darnieder.

Mit Moses – nach Nostradamus etwa 2000 Jahre später – begann das Widder-Zeitalter. Der Mensch erkannte seinen Schöpfer und begann, ihm Opfer darzubringen und Recht und Gesetz zu achten. Moses beendete den Tanz um das Goldene Kalb. Der Schwache und Kleine bekam neben dem Mächtigen eine Überlebenschance.

Mit Christus trat die Menschheit ins Zeitalter der Fische, in der Reihe der vier großen Wesen als Mensch dargestellt. Das harte Gesetz wurde abgelöst vom Gebot der Nächstenliebe. Der Menschensohn predigte die Vergebung anstelle der Rache.

Heute befänden wir uns, dieser Rechnung nach, am Beginn des Wassermann-Zeitalters, dargestellt als Adler. Der Mensch wird eine neue Entwicklungsstufe erklimmen, sich erheben, die Schwerfälligkeit abstreifen und die körperliche Beengung loswerden.

Den Zugang zu dieser neuen Welt eröffnen die bevorstehenden Naturkatastrophen um die Jahrtausendwende. Sie schaffen die Voraussetzungen dafür, daß der Mensch sich weit über seine bisherigen Fähigkeiten hinaus entwickeln kann.

Am Ende des Wassermann-Zeitalters im Jahre 3797 aber wird nicht der Mensch vernichtet und die Welt in unvorstellbarem Chaos untergehen, sondern der Tod wird sterben. Das Ende ist die Ewigkeit.

Eine Auswahl der bisher eingetroffenen Prophezeiungen

1. Juli 1559
Der französische König Heinrich II. wird im Turnier schwer verletzt und stirbt zehn Tage später.

30. Januar 1649
Der englische König Karl I. wird enthauptet.

Sommer 1666
Der Brand von London. Die angekündigte Pest als Strafe für den Königsmord.

1791
Die Anführer der Französischen Revolution wollen eine neue Zeitrechnung einführen und wieder mit dem Jahr 1 beginnen.

16. Oktober 1793
Marie Antoinette wird hingerichtet.

1804
Napoleon, »der Verderber«, will die Tochter des österreichischen Kaisers heiraten.

August 1846
Der Planet Neptun wird entdeckt.

20. April 1889
Adolf Hitler wird in Braunau am Inn geboren.

1936
Franco spaltet das spanische Volk.

1938
Hitler marschiert in Österreich ein.

1939
Der Zweite Weltkrieg beginnt – 290 Jahre nach der Enthauptung Karls I.

1941
Die Krematorien in den KZ werden gebaut.

1945
Hitlers Tod nach der Hochzeit.

1948
Der Staat Israel wird gegründet.

1954
United Arabian Republic (UAR).

1956
Ende der britischen Weltherrschaft.

1979
Sieg Khomeinis über den Schah von Persien.

Was die nächsten Jahre bringen

Ab 1994
Zunehmende Wetterverschlechterung, schwere Erdbeben, Überschwemmungen.

Der Krieg auf dem Balkan wird sich durch das Eingreifen der NATO und der UNO ausweiten. Auch der Iran und andere islamische Völker greifen ein.

1998
Eine große Hungerkatastrophe sucht vor allem den Süden Europas heim. Die schlimmen Zustände lösen in Italien eine Revolution aus. Anschlag auf den Papst, auf die Regierung. Im August könnte der Dritte Weltkrieg ausbrechen. Möglicherweise noch im selben Jahr wird New York durch einen Atomangriff zerstört.

Um diese Zeit mündet die Revolution in Italien in eine Diktatur. Das Christentum wird verboten, die Gläubigen werden blutig verfolgt. Der Diktator mit dem Krausbart gründet eine neue Religion, die auf asiatischen Heilslehren basiert.

Die »kosmische Revolution« ist auf ihrem Höhepunkt. Die Erde beginnt zu torkeln und steht schließlich schief. Die Erdachse ist gekippt, die Pole haben sich verlagert. Ein »neuer Himmel« bietet sich den Blicken der Erdbewohner.

1999

Am 11. August herrscht eine Sonnenfinsternis. Sie ist das Zeichen dafür, daß Chiren, der Retter des Abendlandes, 18jährig an die Macht gelangt.

So soll das nächste
Jahrtausend aussehen

Um 2000
Krieg zwischen Europa und Italien, Chiren führt die
Truppen an. Nach anfänglichen Niederlagen gewinnt
die europäische Armee.

Um diese Zeit könnten Rom und Paris durch Atom-
angriffe zerstört werden.

2003
Der Krieg scheint vorläufig beendet. Chiren läßt sich
in Aachen zum Kaiser von Europa krönen. Er ist weltlicher Herrscher und geistliches Oberhaupt. Es folgen
57 Jahre des Friedens und des Wiederaufbaus.

2076
Beginn des Vierten Weltkrieges, der 25 Jahre dauern
soll. Danach beginnt ein 1000jähriges Friedensreich.
Erfindungen und Entwicklungen, die heute noch un-
denkbar erscheinen, sind dann möglich. Es herrscht
ein hoher Lebensstandard.

3797
Der Jüngste Tag ist angebrochen. Himmel und Erde
werden neu erscheinen. Der Mensch erlangt Unster-
lichkeit. Das Böse und Gemeine in ihm ist endgültig
besiegt. Der Tod selbst wird sterben.

Nostradamus
Seher - Magier - Wunderheiler

Die vielfältigen Facetten des bekannten Propheten der Apokalypse, vom Astrologen und Zukunftsdeuter bis zum Humanisten und Heiler, beschrieben von bekannten Autoren und Nostradamus-Experten.

Kurt Allgeier
Die Prophezeiungen des Nostradamus
19/51

Kurt Allgeier
Die geheimen Heilrezepte des Nostradamus
08/9425

Kurt Allgeier
Nostradamus - Zeitenwende
19/328
(erscheint im November 1994)

J. H. Brennan
Nostradamus
Visionen der Zukunft
08/9644

Manfred Dimde
Das apokalyptische Jahrzehnt
19/256

Manfred Dimde
Das Nostradamus-Jahrbuch 1994
19/276

Manfred Dimde
Das Nostradamus-Jahrbuch 1995
19/318
(erscheint im September 1994)

Ernst R. Ernst
Nostradamus
Astrologe - Magier - Wunderheiler
19/348
(erscheint im September 1994)

Stichwort: Nostradamus
19/4063
(erscheint im Dezember 1994)

Wilhelm Heyne Verlag
München

Mythologie

Wissen, Glauben und Magie uralter Völker und Kulturen

19/338

Weitere Bücher zum Thema:

Lexikon der indischen Mythologie
19/314

Lexikon der keltischen Mythologie
19/280

Hans Biedermann
Lexikon der magischen Künste
Die Welt der Magie seit der Spätantike
19/146

Herbert Gottschalk
Lexikon der Mythologie
19/266

Claudia Schmölders (Hrsg.)
Die wilde Frau
Mythische Geschichten zum Staunen, Fürchten und Begehren
19/240

Nicolai Tolstoy
Auf der Suche nach Merlin
Mythos und geschichtliche Wahrheit
19/38

Wilhelm Heyne Verlag
München